JN205608

1日5分！教室で使える

漢字コグトレ

児童精神科医・医学博士
宮口幸治
［著］

東洋館出版社

はじめに

認知機能へのアプローチが必要な理由

本書は、各学年で習得すべき漢字を利用して学習の土台となる認知機能を高めるトレーニングを行うことで、**漢字力と認知機能の両方を同時に向上させる**ことを目的としています。

認知機能とは、記憶、知覚、注意、言語理解、判断・推論といった幾つかの要素が含まれた知的機能を指します。例えば授業中に先生が口頭で次のような問題を出したとします。

「A さんはアメを 10 個もっていました。4 個あげると、A さんはアメを何個もっているでしょうか？」

まず先生の話に**注意**を向ける必要があります。ノートにお絵描きをしていては問題が出されたこと自体に気がつきません。そして先生に注意を向けたとしても、先生の話したことをしっかり聞きとって**知覚**し、個数を忘れないように**記憶**しなければいけません。

また、先生の話した問題の**言語理解**も必要です。次に、ここから問題を考えていくわけですが、暗算するためには他に考え事などせず注意・集中する必要があります。好きなゲームのことを考えていては暗算ができません。最後に大切なのが、上記の問題では次の 2 通りの解釈ができます。

「A さんはだれかにアメを 4 個あげたのか？」
「A さんはだれかからアメを 4 個もらったのか？」

ですので、ここで先生はどちらを意図しているのか**判断・推論**する必要があります。

以上から先生が口頭で出した問題を解くためには認知機能のすべての力が必要なのです。もし、その中の一つでも弱さがあれば問題を解くことができないのです。認知機能は学習に必須の働きであり**学習につまずきを抱える子どもは認知機能の働きのどこかに、または複数に弱さをもっている**のです。

認知機能は学習面だけでなく、人に興味を向ける、人の気持ちを考える、人と会話をするなどのコミュニケーション力や、自分で考えて行動する、さまざまな困った問題に対処するなどの問題解決力といった子どもの学校生活にとって必要な力でもあり、**認知機能の弱さは、対人スキルの乏しさにもつながる**のです。

認知機能の弱さ　≒　学習のつまずき、対人スキルの乏しさ

しかし現在の学校教育では学科教育が主で、その土台となっている認知機能へのアプローチがほとんどなされていないのが現状です。そこでは多くの子どもたちが困っていました。それに対処すべく開発されたのが認知機能向上トレーニングである**コグトレ**なのです。この「漢字コグトレ」はこれらコグトレ理論に基づき、漢字力を高めながら同時に学習で困らないための認知機能を高めるように構成されております。

なお、本書は学習に必要な認知機能を高めていくことを一番の目的としています。そのため漢字の習得自体が不安な場合は先に通常の漢字練習を行ってから本書をご使用されるとより効果的と思われます。もちろん漢字練習が苦手なお子様が先に本書を使って漢字に慣れたり、漢字への抵抗感を減らしたりすることも可能ですし、漢字練習だけでは物足りないお子様にも十分な手応えがあるでしょう。本書をお使いになることで、困っているお子様はもちろんのこと、さらに学力の向上を望んでおられるお子様にお役に立てることを願っております。

立命館大学教授　児童精神科医・医学博士　宮口幸治

1日5分！
教室で使える漢字コグトレ　小学6年生

目　次

漢字コグトレとは？

これまで、コグトレは主に認知機能の弱さがあり学習でつまずきをもつ子どもたちに使われてきました。

しかし学校では脳トレに似ている感もあって学習の一環として取り組ませにくく、トレーニングのための時間がせいぜい朝の会の１日５分しか取れない、個別に課題をやらせるしかない、といった声を多数いただいてきました。

そこで授業科目（特に国語）の中で学習教材の一つとしてクラス全体で使えるように考えだされたのがこの漢字を使用した漢字コグトレなのです。

どのようなトレーニングか？

漢字の習得はとても大切です。しかし現在の主な漢字ドリルは漢字の習得だけを目的としているため、時間をかけているにも関わらず得られるのは漢字の知識だけと、決して効率がよいとは言えません。そこで漢字の練習をしながら、かつはじめに述べた学習に欠かせない認知機能もトレーニングしていくことで、漢字力の向上は当然のこと、認知機能も同時に向上させることができるようにつくられています。

具体的には？

認知機能（記憶、知覚、注意、言語理解、判断・推論）に対応した「覚える」「数える」「写す」「見つける」「想像する」といった５つのワークから構成され、小学６年生用では合計152 課題からなります。

ワークは認知機能だけを直接的にトレーニングするためのテキスト「コグトレ　みる・きく・想像するための認知機能強化トレーニング」（三輪書店）をもとに、図形を漢字に置き換えるなど漢字に特化して再構成されています。分かりやすい図形の代わりに複雑な形態である漢字を使い、また平仮名でもよかった解答を漢字で書かせるなど、難易度が高い課題もありますので、学習の進んでいるお子さんや高齢者の方でも十分にやりがいのあるワークとなっています。

一方、本書が難しいお子さんには「コグトレ　みる・きく・想像するための認知機能強化トレーニング」「やさしいコグトレ　認知機能強化トレーニング」（いずれも三輪書店）も併用することをおすすめします。

ワークシートの使用方法

本トレーニングは「覚える」「数える」「写す」「見つける」「想像する」の5つのワークから構成されています（全152課題：ワークシート一覧表）。

本書にすべて取り組むと、6年生で習得すべき全漢字（191字）を平均で3~4回ずつ確認練習できるよう配置されています。課題は次の3つタイプからなります。

①漢字が未習得でも取り組むことができる課題（表の○）
②漢字でなく平仮名やカタカナで書いても効果のある課題（表の△）
③漢字を習得しないと困難な課題（表の◎）

①は、いつ始めても問題ありません。

②は、本来は漢字を習得してから取り組む問題ですが、未習得でも認知機能トレーニングとして効果が期待される課題です。漢字習得後にも繰り返して実施すると一層の効果が期待されます。

③は漢字の習得そのものが必要な課題ですので学年の最後に実施した方がいいでしょう。

なお、このトレーニングは「コグトレ　みる、きく、想像するための認知機能強化トレーニング」（三輪書店）をベースにつくられていますので、漢字以前に認知機能のトレーニングにもっと時間をかけて行いたい場合はそちらも並行してお使い下さい。

以下、5つのワークについて主に認知機能面から概要をご説明します。いずれも漢字のトレーニングを兼ねていることは言うまでもありません。

①覚える

授業中の先生の話、人の話を注意・集中してしっかり聞いて覚える力を養っていきます。

最初とポン

出題者が3つの文章を読み上げ、子どもがそれぞれ最初の言葉だけ覚えます。ただし、文章中に動物の名前が出たときには手を叩いてもらいます。そして覚えた言葉を漢字に直してノートやプリントに書きます。手を叩くという干渉課題を入れることで、より集中し聞いて覚える必要が生じます。これにより聴覚ワーキングメモリをトレーニングします。

最後とポン

一連の3セットの単語を読み上げ、最後の単語だけを記憶します。ここでは、色の名前が出たときにだけ手を叩いてもらいます。そして覚えた単語を漢字に直して解答用紙に書きます。

正しいのはどっち？

「多い・少ない」などの比較や、文脈から判断する二者択一問題を読み上げ、正しいのはどちらかを考えさせる課題です。そして答えを漢字で解答用紙に書きます。選択肢を覚えておきながら文章を聞き取り考える力をつけていきます。

②数える

数感覚や注意・集中力、早く処理する力、計画力を養っていきます。

漢字数え

ある決まった漢字の数を数えながら漢字にチェックをします。注意深く正確に数えることで集中力や自分で時間管理をすることで自己管理力をつけます。

漢字算

一桁＋一桁の足し算の計算問題とセットになった文章があります。その中にある言葉を漢字に直し、計算の答えと一緒に記憶し、計算の回答欄に対応する漢字を書きます。短期記憶の力や転記ミスを減らす力を養います。

さがし熟語

たて、よこ、ななめで隣り合った2つの漢字の中で、2字熟語になるものを○で囲み解答欄に書きます。答えを効率よく探すことで、ものを数える際に必要な処理するスピード、計画力を向上させます。二字熟語の知識が必要なので各学年の最後にした方がいいでしょう。

③写す

漢字の基礎ともなる形を正確に認識する力を養います。

点つなぎ

見本の漢字を見ながら、下の枠に直線を追加して見本の漢字と同じになるように完成させます。基本的な図形の認識や漢字を覚えるための基礎的な力を養います。

くるくる漢字

上にある回転した漢字を見ながら、下に正しい方向に直して写します。点つなぎと異なるのは、下の枠が左右に少しずつ回転しているところです。角度が変わっても同じ形であることを認識する力、位置関係を考えながら写す論理的思考、心的回転の力を養います。

鏡・水面漢字

鏡と水面に逆向きに映った漢字を見て、正しい漢字に書き直してもらいます。鏡像や水面像を理解する力、位置関係を理解する力、想像しながら正確に写す力を養います。

④見つける

視覚情報を整理する力を養います。

漢字さがし

不規則に並んだ点群の中から提示された漢字を構成する配列を探して線で結びます。黒板を写したりする際に必要な形の恒常性の力を養います。

かさなり漢字

提示された漢字をつくるのに使われない部品を複数の中から一つ選びます。あるまとまった形の中から一部の形を抽出していくことで、形の構成を理解する力など図形思考を養います。

違いはどこ？

2 枚の絵の違いを見つけていきます。2 枚の絵の違いを考えることで、視覚情報の共通点や相違点を把握する力や観察力を養います。

同じ絵はどれ？

複数の絵の中からまったく同じ絵を 2 枚見つけます。複数の絵の中から 2 枚の同じ絵を効率よく見つけ出すことで、全体を見ながら視覚情報の共通点や相違点を把握する力や観察力、計画力を養います。

回転漢字

左右にバラバラに回転して並べられた漢字の部品を線でつないで正しい漢字を作り書きます。形を心の中で回転させ、正しい組み合わせを見つけていくことで図形の方向弁別や方向の類同視の力を養っていきます。

⑤想像する

見えないものを想像する力を養います。

スタンプ漢字

提示されたスタンプを紙に押したとき、どのような模様になるかを想像します。ある視覚情報から他の情報を想像するというトレーニングを通して、見えないものを想像する力や論理性を養います。

心で回転

自分から見える机の上に置かれた漢字は、周りからはどう見えるかを想像します。対象物を違った方向から見たらどう見えるかを想像することで心的回転の力や相手の立場になって考える力を養います。

順位決定戦

いくつかの熟語がかけっこをしています。複数の表彰台の順位から判断して熟語たちの総合順位を考えていきます。複数の関係性を比較して記憶し、理解する力を養います。

物語づくり

提示された単語を使って自由に短い物語をつくってもらいます。出来たらその物語にタイトルをつけます。単語といった断片的な情報から全体を想像する力やストーリーを想像しながら文章を作成する力を養います。

ワークシートの使用例

トレーニングは５つのワーク（覚える、数える、写す、見つける、想像する）からなります。１回５分、週５日間行えば 32 週間（１学期 12 週、２学期 12 週、３学期８週）ですべて終了できるようつくられています。

このスケジュールに沿った進め方のモデルを紹介します。時間に制限があれば、５つのワークをどれか組み合わせて実施するなど適宜ご調整ください。以下の①～⑤の５つのトレーニングを合わせると合計 152 回あります。

①覚える

（1 回 / 週×32 週間＝32 回）

週１回「最初とポン（12 回）」、「最後とポン（12 回）」の順で実施し、終了すれば「正しいのはどっち？（8 回）」を実施します。

②数える

（1 回 / 週×32 週間＝32 回）

週１回「漢字数え（12 回）」「漢字算（12 回）」「さがし熟語（8 回）」の順で実施します。

③写す

（1 回 / 週×24 週間＝24 回）

週１回「点つなぎ（8 回）」「くるくる漢字（8 回）」「鏡・水面漢字（8 回）」の順で実施します。ここだけ 24 週のみです。

④見つける

（1 回 / 週×32 週間＝32 回）

週１回「漢字さがし（8 回）」「かさなり漢字（8 回）」「違いはどこ？（4 回）」「同じ絵はどれ？（4 回）」「回転漢字（8 回）」の順で実施します。

⑤想像する

（1 回 / 週×32 週間＝32 回）

週１回「スタンプ漢字（8 回）」「心で回転（8 回）」「順位決定戦（8 回）」「物語づくり（8 回）」の順で実施します。

以下に、本トレーニングの具体的なモデル使用例を示しておりますのでご参考ください。

モデル使用例１：（朝の会の１日５分を使うケース）

ある１週間について、以下のように進めていきます。例えば、

月曜日：「覚える」の「最初とポン」を５分

火曜日：「数える」の「漢字数え」を５分

水曜日：「写す」の「点つなぎ」を５分

木曜日：「見つける」の「漢字さがし」を５分

金曜日：「想像する」の「スタンプ漢字」を５分

で実施すれば１年間（週５日、32週）ですべての課題が終了します。「覚える」は漢字が未習得であれば平仮名やカタカナで書いて問題ありません。

モデル使用例２：（週１回だけ朝の会で行い、あとは宿題とするケース）

「覚える」だけ週１回、朝の会などで実施し（計32週）、残りは学校での宿題プリントの裏面に印刷して実施（120枚）します。

週に４枚取り組むと30週で終了します。「覚える」は漢字が未習得でも平仮名やカタカナで書いて問題ありません。

モデル使用例３：（国語の授業で漢字の練習として使うケース）

漢字習得の確認テストの一環として国語の授業中に実施します。

合計152回ありますので、週に５コマの国語の授業中に１回５分ずつ実施すれば31週で終了します。

モデル使用例４：（保護者と一緒に自宅で使うケース）

ご家庭で、「覚える」の課題のみ読み上げ、残りのワーク（漢字が未習得でも取り組むことができる課題（表の○）から始めます）は印刷してお子さん自身でやってもらいましょう。

答え合わせは一緒にみて確認してあげましょう。間違っていれば、間違っていることだけを伝えどこが間違えているのかを考えてもらうとより効果的です。「覚える」は漢字が未習得でも平仮名やカタカナで書いて問題ありません。

ワークシート一覧

小学校６年生　漢字配当：191 字

5つのトレーニング	小項目	課題のタイプ	ワーク番号	ワークシート数
覚える	最初とポン	△	1～12	12
	最後とポン	△	1～12	12
	正しいのはどっち？	△	1～8	8
数える	漢字数え	○	1～12	12
	漢字算	△	1～12	12
	さがし熟語	◎	1～8	8
写す	点つなぎ	○	1～8	8
	くるくる漢字	○	1～8	8
	鏡・水面漢字	○	1～8	8
見つける	漢字さがし	○	1～8	8
	かさなり漢字	○	1～8	8
	違いはどこ？	○	1～4	4
	同じ絵はどれ？	○	1～4	4
	回転漢字	◎	1～8	8
想像する	スタンプ漢字	○	1～8	8
	心で回転	○	1～8	8
	順位決定戦	△	1～8	8
	物語づくり	△	1～8	8

課題のタイプ：○：未習得でも可能な課題、△：平仮名、カタカナでも効果あり、◎：習得しないと困難

頻度（回 / 週）	期間（週）	施行学期	備　考
1	32	1	最初の漢字を覚えて書く（3 文条件）
1		2	最後の漢字を覚えて書く（3 セット条件）
1		3	問題文を聞き、答えを漢字で書く
1	32	1、2	ある漢字だけを数える
1		2	計算の答えを漢字に置き換える
1		3	二字熟語を探す
1	24	1	点をつないで上の漢字を下に写す
1		1、2	回転した漢字を下に写す
1		2	鏡・水面に映った漢字を正しく写す
1	32	1	点群の中から漢字を見つける
1		1、2	漢字を構成する部品を見つける
1		2	2 枚の絵から違いを見つける
1		2	複数の絵から同じ絵を 2 枚見つける
1		3	回転させた漢字の部品から漢字を見つける
1	32	1	スタンプ面から正しい漢字を想像する
1		1、2	相手側から見た漢字を想像する
1		2	正しい順位を想像して熟語で書く
1		3	漢字を使って物語を想像する

❶ 覚える

❶　覚える

最初とポン、最後とポン、正しいのはどっち？

●子どもにつけて欲しい力

授業中の先生の話、人の話を注意・集中してしっかり聞く力をつけます。

●進め方

1回につき最初とポン、最後とポンの順で3題ずつ進めていきます（計24回分）。最後に正しいのはどっち？を2題ずつ進めていきます（計8回分）。

最初とポン：短い文章を3つ読みます。そのうち、それぞれの文章の最初の単語だけを覚え、ノートやプリントに漢字で書いてもらいます。ただし、文章の途中で動物の名前（右の例の下線）が出たときは手を叩いてもらいます。答えは右の例の太文字の漢字です。

最後とポン：一連の単語を3セットずつ読みあげます。それぞれのセットの最後の単語を覚え、ノートやプリントに漢字で書いてもらいます。ただし、途中で色の名前が出たときは手を叩いてもらいます。答えは右の例の太文字の漢字です。

正しいのはどっち？：問題を読み上げ、質問について考えてもらい答えの漢字をノートやプリントに書かせます。

●ポイント

- まだ漢字が書けなければ平仮名やカタカナで書いても問題ありません。
- 手を叩く代わりに目を閉じて手を挙げてもらうのもいいでしょう。
- 文章や漢字セットを読み上げるときは「1つ目」「2つ目」と言ってあげましょう。
- 「最後とポン」ではどこで終わるかは教えませんので特に集中して聞いてもらいましょう。
- 「正しいのはどっち？」では子どものレベルに応じて何度か読んであげるなど、調整しましょう。

●留意点

「最初とポン」「最後とポン」は難しければ2つずつに減らすなど調整してもいいでしょう。「正しいのはどっち？」は答えを示しても分かりにくければ黒板に図示するなどして説明してあげましょう。

取り組み時間：5分　　回数　計32回分

例

最初とポン❶　動物の名前が出たら手を叩きます

1
胃が痛くなり、イヌに助けを求めました。
異なるイヌがかけつけました。
恩に感じ、美味しいエサをあげました。

2
我々は、外で遊ぶのが好きです。
灰の下から、サイが出て来ました。
危ない山道で、イノシシに出会いました。

3
机の下にネコがいました。
疑って、もう一度見るとイヌがいました。
穴の中では、カメが泳いでいました。

最後とポン❶　色の名前が出たら手を叩きます

1
朝、刀、白、**机**
兄、黒、**胸**
家、首、**劇**

2
赤、**穴**
丸、犬、金、**己**
秋、歌、**紅**

3
夜、岩、頭、**鋼**
黒、**骨**
雪、白、青、**窓**

正しいのはどっち？❶

1
口から入った食べ物は、「胃」や「腸」に送られます。どちらの方が先に食べ物が到達するでしょうか？
（答え　胃）

2
「己」と「我」は、どちらも自分を表します。どちらの方が漢字の画数が多いでしょうか？
（答え　我）

最初とポン❶　動物の名前が出たら手を叩きます

1
胃が痛くなり、イヌに助けを求めました。
異なるイヌがかけつけました。
恩に感じ、美味しいエサをあげました。

2
我々は、外で遊ぶのが好きです。
灰の下から、サイが出て来ました。
危ない山道で、イノシシに出会いました。

3
机の下にネコがいました。
疑って、もう一度見るとイヌがいました。
穴の中では、カメが泳いでいました。

最初とポン❷　動物の名前が出たら手を叩きます

1
絹は、独特の光沢を持ちます。
蚕のまゆからできています。
私が飼っているイヌは、その手触りが好きです。

2
若いタヌキがお腹をすかせています。
縦に長い野菜を見つけました。
熟したトマトは、キツネと分け合いました。

3
鈍い大きな音がしました。
傷ができてしまい、キツネは泣いています。
垂れた血を見て、ネコが心配しています。

最初とポン❸　動物の名前が出たら手を叩きます

1
聖なる夜に、トナカイと遊びました。
盛りあがり、楽しい時間をヤギとも過ごしました。
窓を見ると、プレゼントが置かれていました。

2
蒸したプリンをサルと分け合いました。
針を持ったハチが近づいてきました。
退いたため、助かりました。

3
泉のそばで、イヌに出会いました。
舌をやけどしていたので、氷をあげました。
誠にありがとうございますと、イヌに感謝されました。

最初とポン❹　動物の名前が出たら手を叩きます

1
洗った服を、ヤギに食べられてしまいました。
腹が減って、食事と間違えてしまったようです。
探しに来たネコが、怒って帰ってしまいました。

2
暖かい季節になりました。
著しく気温が変わり、シマウマはへとへとです。
敵であるライオンもぐったりしています。

3
届いた荷物をネコが確かめます。
難しい説明書が入っていました。
訪れたサルが読んでくれました。

最初とポン❺　動物の名前が出たら手を叩きます

1

並んで、ウサギとカメが遊んでいます。
閉まっていた扉から、ツルが出て来ました。
宝を見つけたクジャクが帰ってきました。

2

今になってウサギを飼いたくなりました。
母はキンギョが欲しいようです。
話し合った結果、ハムスターを飼うことになりました。

3

亡くなったカブトムシが生き返りました。
忘れ物をとりにきたクワガタは驚きました。
棒をのぼり、一緒に帰りました。

最初とポン❻　動物の名前が出たら手を叩きます

1

幕があがり、ウサギは緊張しました。
密かに、サルは見守っています。
劇が始まり、イヌは楽しみました。

2

預かっていたものを、キツネは壊してしまいました。
訳を話すと、サルは納得しました。
優しいカメは、許してくれました。

3

幼いネコが、お腹をすかせています。
欲しそうにしているサンマを、イヌが分けてあげました。
巻いていたタオルをお返しとして、イヌにあげました。

最初とポン❼　動物の名前が出たら手を叩きます

1
延びた試合で、サルが勝利しました。
「**割**とよかった」とウシがいいました。
胸がいっぱいになり、サルは泣きました。

2
勤めている職場に、カメがいました。
激しい運動をしていたウサギが、休憩しにきました。
呼ばれたカメは、遊びにいきました。

3
誤りを見つけ、ウサギはあわてました。
降りてきたリスも一緒に直しました。
鋼のように硬い甲羅をもつカメも手伝いました。

最初とポン❽　動物の名前が出たら手を叩きます

1
刻んだ玉ねぎのせいで、目が痛くなりました。
困った顔をして、イヌが振り向きました。
砂遊びをしていたモグラが、助けてくれました。

2
座っていたライオンが立ち上がりました。
済んだ戦いに文句があるようです。
染まった赤い顔をみせて、チーターが立ち上がりました。

3
奏でた音に、イルカが反応しました。
操り人形の動きに、カメは感動しています。
宙に浮かんだ人形を、クジラは不思議そうに見ています。

最初とポン⑨　動物の名前が出たら手を叩きます

1
「**頂きます**」とヤギがいいました。
腸が痛みだし、食べ過ぎたことに気づきました。
痛みを我慢できず、ヤギは病院へ行きました。

2
認めてもらえて、ラクダは大喜びです。
背に乗っていたインコも喜びました。
晩ごはんに、ご馳走をつくりました。

3
班のみんなと一緒に、あるお家に出かけました。
暮らしていたネコが出迎えました。
乱れた髪を直して、ウマが挨拶をしました。

最初とポン⑩　動物の名前が出たら手を叩きます

1
卵の料理を作りました。
干したイモは、サルにあげました。
供えた線香の匂いに、ネコが寄ってきました。

2
沿って歩いていた道が、行き止まりになりました。
従って、ネコたちの探検は中止となりました。
在ると信じていたお宝は、見つかりませんでした。

3
縮んだセーターを見て、イヌは悲しみました。
拝んでみても、元には戻りません。
補うために、ウサギが糸をもってきました。

最初とポン⓫　動物の名前が出たら手を叩きます

1
株をはじめたサルは、パソコンの画面に夢中です。
厳しい目をして、カラスが見守ります。
骨を痛めたイヌは、遠くから見ています。

2
尊いお話を、カメがしてくれました。
段をあがると、きれいな景色が見えるそうです。
吸いこんだ空気が、とても美味しかったです。

3
納められたお金をサルが数えていました。
裏にカメがついているお金がありました。
除いて数えると、1000円になりました。

最初とポン⓬　動物の名前が出たら手を叩きます

1
脳が大きなサルは、考えるのが得意です。
肺を持っているウサギは、陸の上で暮らせます。
己の大きさに、ゾウは自慢げです。

2
紅に染まった空をみて、フクロウが飛び立ちました。
論じていたカメは、空を見上げました。
映った自分の顔を見ていたサルも、空を見上げました。

3
値が大きいと、ネコは計算出来なくなりました。
敬っているサルが、手伝ってくれました。
券の枚数を数え終わり、ネコとサルは遊びに出かけました。

最後とポン❶　色の名前が出たら手を叩きます

1
朝、刀、白、**机**
兄、黒、**胸**
家、首、**劇**

2
赤、**穴**
丸、犬、金、**己**
秋、歌、**紅**

3
夜、岩、頭、**鋼**
黒、**骨**
雪、白、青、**窓**

最後とポン❷　色の名前が出たら手を叩きます

1
冬、春、緑、**私**
肉、姉、**姿**
銀、道、**若い**

2
声、黒、**従う**
母、秋、**縦**
横、赤、南、**縮む**

3
塩、**蒸す**
緑、雲、**針**
東、黒、紫、**垂れる**

最後とポン❸　色の名前が出たら手を叩きます

1

家、西、母、**盛る**
上、下、黒、**泉**
白、**染める**

2

朝、紫、**銭**
前、赤、**拝む**
雲、白、形、**窓**

3

米、岩、**装う**
金、**操る**
白、頭、**砂**

最後とポン❹　色の名前が出たら手を叩きます

1

箱、緑、**退く**
青、岩、黒、**値**
土、白、**著しい**

2

父、紙、**頂く**
青、**痛い**
兄、家、金、**敵**

3

夜、雪、緑、**届く**
雷、外、**難しい**
馬、白、**認める**

最後とポン❺　色の名前が出たら手を叩きます

1

頭、**脳**
白、後、**拝む**
前、川、青、**背く**

2

丸、**班長**
黒、朝、**奏でる**
箱、白、**否**

3

上、赤、**幼い**
船、机、黒、**並ぶ**
後、**補う**

最後とポン❻　色の名前が出たら手を叩きます

1

姉、白、雪、**暮れる**
月、都、**宝**
箱、朝、銀、**訪れる**

2

昔、青、机、**忘れる**
白、草、黒、**棒**
上、下、**言い訳**

3

店、牛、青、**優しい人**
黒、犬、**預ける**
茶、雪、**幼い**

最後とポン❼　色の名前が出たら手を叩きます

1

寺、風、黒、**卵**
表、下、**裏**
青、**朗らか**

2

白、石、**論ずる**
首、母、**我**
赤、春、**株式**

3

砂、岩、黒、**危い**
魚、春、**疑う**
朝、白、**吸う**

最後とポン❽　色の名前が出たら手を叩きます

1

上、草、秋、**激しい**
下、穴、黒、**絹**
黒、白、**源氏**

2

国、岩、**厳しい**
光、赤、**刻む**
兄、白、鋼、**困る**

3

白、**座る**
母、黒、**蚕**
耳、銀、机、**至る**

最後とポン❾　色の名前が出たら手を叩きます

1

家、寺、銀、**捨てる**
黒、**熟する**
船、白、**除く**

2

白、**洗う**
枕、姿、白、**机**
紫、金、箱、**穴**

3

林、緑、秋、**卵**
馬、麦、**呼ぶ**
銀、砂、**骨**

最後とポン❿　色の名前が出たら手を叩きます

1

裏、森、白、**砂**
丸、上、窓、**退く**
兄、海、青、**敵**

2

海、川、**私**
後、上、白、**若い**
黒、表、石、**縦**

3

川、家、牛、**傷**
赤、岩、林、**針**
黒、**泉**

最後とポン⓫　色の名前が出たら手を叩きます

1
馬、値、骨、**難しい**
赤、**並ぶ**
母、家、黒、**閉める**

2
布、朝、紫、**補う**
角、緑、**宝**
夜、羊、**棒**

3
下、緑、**優しい人**
白、**裏**
肉、鳥、緑、**我々**

最後とポン⓬　色の名前が出たら手を叩きます

1
裏、胸、**疑う**
黒、机、白、**激しい**
銀、母、岩、**源氏**

2
穴、白、**己**
銀、**鋼**
下、箱、秋、**困る**

3
黒、村、緑、**座る**
町、君、西、**姿**
海、紫、**捨てる**

正しいのはどっち？ ❶

1 口から入った食べ物は、「胃」や「腸」に送られます。どちらの方が先に食べ物が到達するでしょうか？
（答え　胃）

2 「己」と「我」は、どちらも自分を表します。どちらの方が漢字の画数が多いでしょうか？
（答え　我）

正しいのはどっち？ ❷

1 「砂」と「灰」はどちらも細かいものですが、紙を燃やすとどちらになるでしょうか？
（答え　灰）

2 脳と肺はどちらも人の身体の一部です。息を大きく吸うと膨らむのは、「脳」と「肺」のどちらでしょうか？
（答え　肺）

正しいのはどっち？ ❸

1 私はライオンよりも強く、敵はライオンよりも弱いです。「私」と「敵」は、どちらの方が弱いでしょうか？
（答え　敵）

2 カメは、ひっくり返ると起き上がれなくなります。カメが起き上がれなくなるのは、「背」と「腹」のどちらが上を向いているときでしょうか？
（答え　腹）

正しいのはどっち？ ❹

1 「窓」も「幕」も閉じるものです。劇が終わったときに閉じるのは、どちらの方でしょうか？
（答え　幕）

2 「鋼」も「針」も、どちらも硬いものですが、蜂がもっているのはどちらでしょうか？
（答え　針）

正しいのはどっち？ ❺

1 嫌な事があると胸が痛み、怪我をすると傷が痛みます。消毒液で治すのは、「胸」と「傷」のどちらの痛みでしょうか？
（答え　傷）

2 泉のそばに卵がありました。鳥が生まれて出てくるのは、「泉」と「卵」のどちらでしょうか？
（答え　卵）

正しいのはどっち？ ❻

1 砂場に「宝」と「骨」があります。お腹をすかせた犬はどちらを欲しがるでしょうか？
（答え　骨）

2 絹は蚕のマユからつくります。動いているのは、「絹」と「蚕」のどちらでしょうか？
（答え　蚕）

正しいのはどっち？ ❼

1 木でできた棒があります。鋼は木よりも硬いです。「棒」と「鋼」はどちらが硬いでしょうか？
（答え　鋼）

2 机とイスのそばに大きな穴がありました。モグラがつくったのは「穴」と「机」のどちらでしょうか？
（答え　穴）

正しいのはどっち？ ❽

1 おばあさんは、楽しみにしていた芸能人の劇をみるための入場券を買いました。おばあさんが楽しみにしていたのは「劇」と「入場券」のどちらでしょうか？
（答え　劇）

2 「恩」も「欲」も目に見えないものです。誰かに助けられたときに感じるのはどちらでしょうか？
（答え　恩）

❷ 数える

❷ 数える

漢字数え

●子どもにつけて欲しい力

課題を速く処理する力、注意・集中力、自己を管理する力を養います。

●進め方

・まず「目標」タイムを書きます。スタートの合図で提示された漢字（右の例では「皇」）の数を数えながら、できるだけ早く「皇」に ✓ をつけてもらいます。数え終わったら、個数を右下の欄に記入し挙手させ、時間を伝えます。時間は「今回」の欄に時間を記入します。全員が終了したら正解数を伝えます。時間の上限は５分とします。

・漢字数えの後半「⑦〜⑫」は、単に対象の漢字を数えるだけでなく、対象の漢字の左隣に色を表す漢字（例えば、赤、白など）があるときは数えず、✓ もつけてはいけない課題（ブレーキをかける練習）になっています。

●ポイント

・ここでは、処理するスピードを上げる以上に、課題に慎重に取り組む力をつけることを目的としています。漢字の数が間違っていたら、どこが間違っていたか確認させましょう。

・目標時間を設定し、その目標と比べ結果がどうであったかを確認することで、自己管理する力を養います。子どもが自分の能力に比べ早い目標時間や、遅い目標時間を立てた場合、終わった後に理由・感想を聞いてみましょう。

●留意点

・最初に全て漢字にチェックして後から数えるのではなく、漢字の数を数えながらチェックすることに注意しましょう。数を記憶しながら他の作業を行うことでワーキングメモリ（一時記憶）の向上を意図しています。

・スピードが早いことよりも、個数を正確に数えること、目標時間に近い方がいいことを伝えます。ただ漢字の数が正解でなくても、目標の時間に近ければ褒めてあげましょう。そのことでスピードの遅い子への配慮もできます。

取り組み時間：5分　　回数　12回分

例

漢字数え 1

「皇」という漢字の数を数えながら、できるだけ早く「皇」に✓を付けましょう。数えたら、その数を下に書きましょう。

胃	異	遺	域	宇	映	延	沿	恩	我	灰	拡	革	閣
割	株	干	巻	看	皇✓	簡	危	机	揮	貴	皇✓	吸	供
胸	皇✓	勤	筋	系	敬	警	劇	激	穴	券	絹	権	憲
源	厳	己	呼	誤	后	孝	皇✓	紅	降	鋼	刻	皇✓	骨
困	砂	皇✓	皇✓	済	裁	策	冊	蚕	至	私	皇✓	視	詞
誌	磁	射	皇✓	尺	若	樹	収	宗	就	衆	従	縦	縮
熟	純	処	署	諸	皇✓	除	承	将	傷	障	蒸	針	仁
垂	推	寸	盛	聖	誠	舌	宣	専	泉	皇✓	染	銭	善
奏	窓	皇✓	装	層	操	蔵	臓	皇✓	存	尊	退	宅	担
探	誕	段	暖	値	皇✓	忠	著	皇✓	庁	頂	腸	潮	賃
痛	敵	皇✓	討	党	糖	届	難	乳	認	皇✓	脳	派	拝
背	肺	俳	班	皇✓	否	批	秘	俵	腹	奮	並	陛	閉
片	補	暮	宝	訪	亡	忘	棒	枚	幕	密	皇✓	模	訳
郵	優	預	幼	皇✓	翌	乱	卵	覧	裏	皇✓	臨	朗	論

目標（ 3 分 30 秒）　今回（ 4 分 20 秒）

「皇」 は全部で［ 21 ］個

年　　組

漢字数え 1

「皇」という漢字の数を数えながら、できるだけ早く「皇」に✓を付けましょう。数えたら、その数を下に書きましょう。

胃	異	遺	域	宇	映	延	沿	恩	我	灰	拡	革	閣
割	株	干	巻	看	皇	簡	危	机	揮	貴	皇	吸	供
胸	皇	勤	筋	系	敬	警	劇	激	穴	券	絹	権	憲
源	厳	己	呼	誤	后	孝	皇	紅	降	鋼	刻	皇	骨
困	砂	皇	皇	済	裁	策	冊	蚕	至	私	皇	視	詞
誌	磁	射	皇	尺	若	樹	収	宗	就	衆	従	縦	縮
熟	純	処	署	諸	皇	除	承	将	傷	障	蒸	針	仁
垂	推	寸	盛	聖	誠	舌	宣	専	泉	皇	染	銭	善
奏	窓	皇	装	層	操	蔵	臓	皇	存	尊	退	宅	担
探	誕	段	暖	値	皇	忠	著	皇	庁	頂	腸	潮	賃
痛	敵	皇	討	党	糖	届	難	乳	認	皇	脳	派	拝
背	肺	俳	班	皇	否	批	秘	俵	腹	奮	並	陛	閉
片	補	暮	宝	訪	亡	忘	棒	枚	幕	密	皇	模	訳
郵	優	預	幼	皇	翌	乱	卵	覧	裏	皇	臨	朗	論

目標（　　分　　秒）　今回（　　分　　秒）

「皇」は全部で（　　）個

年　組

漢字数え 2

「権」という漢字の数を数えながら、できるだけ早く「権」に✓を付けましょう。数えたら、その数を下に書きましょう。

胃	異	遺	権	宇	映	延	沿	権	我	灰	拡	権	閣
割	株	干	巻	看	簡	危	机	揮	貴	疑	吸	供	胸
郷	勤	筋	系	敬	権	劇	激	穴	券	絹	権	憲	源
厳	権	呼	誤	后	孝	皇	紅	権	鋼	刻	穀	骨	困
砂	座	権	裁	権	冊	蚕	至	私	姿	視	詞	権	磁
射	捨	域	尺	若	樹	収	宗	権	衆	従	縦	縮	熟
純	権	署	諸	権	承	将	傷	障	蒸	針	仁	権	推
権	盛	聖	誠	舌	宣	胃	権	泉	洗	染	銭	善	奏
窓	創	権	恩	層	操	蔵	我	存	権	退	宅	担	探
誕	権	暖	値	宙	忠	著	庁	灰	頂	腸	潮	権	痛
権	展	討	党	権	届	難	乳	権	胸	納	脳	派	拝
背	肺	権	班	晩	否	批	秘	俵	腹	奮	並	陛	閉
片	権	暮	宝	訪	亡	忘	棒	権	幕	密	盟	権	訳
郵	優	預	幼	権	翌	乱	卵	覧	裏	律	臨	朗	論

目標（　　分　　秒）　今回（　　分　　秒）

「権」は全部で［　　　］個

年　　組

漢字数え 3

「樹」という漢字の数を数えながら、できるだけ早く「樹」に✓を付けましょう。数えたら、その数を下に書きましょう。

胃 樹 遺 域 樹 映 樹 樹 恩 樹 灰 拡 革 閣
割 株 干 巻 看 簡 危 机 揮 貴 疑 吸 供 胸
郷 勤 筋 系 敬 警 樹 激 穴 樹 絹 権 憲 源
厳 樹 呼 誤 樹 孝 皇 紅 降 鋼 刻 穀 骨 困
砂 座 済 裁 策 冊 蚕 樹 私 姿 視 詞 樹 磁
射 捨 域 尺 若 樹 収 宗 就 樹 従 縦 縮 熟
純 処 署 諸 樹 承 樹 傷 障 蒸 針 仁 垂 推
寸 樹 聖 誠 舌 宣 胃 専 泉 洗 染 樹 善 奏
窓 創 装 恩 層 操 樹 我 存 樹 退 宅 担 探
誕 段 暖 値 樹 忠 樹 庁 灰 頂 腸 潮 樹 痛
敵 樹 討 党 糖 届 難 乳 認 胸 納 樹 派 拝
背 肺 俳 樹 晩 否 批 秘 俵 樹 奮 並 陛 閉
片 補 暮 宝 訪 樹 忘 棒 枚 幕 密 樹 模 訳
郵 優 樹 幼 欲 翌 乱 卵 覧 裏 律 臨 朗 論

目標（　　分　　秒）　今回（　　分　　秒）

「樹」 は全部で［　　］個

年　　組

漢字数え 4

「諸」という漢字の数を数えながら、できるだけ早く「諸」に✓を付けましょう。数えたら、その数を下に書きましょう。

胃	異	遺	諸	宇	諸	延	諸	恩	我	灰	拡	革	閣
諸	株	諸	巻	看	簡	危	机	揮	貴	疑	吸	諸	胸
郷	勤	筋	諸	敬	警	劇	激	諸	券	絹	権	憲	源
諸	己	諸	誤	后	諸	皇	諸	降	諸	刻	穀	骨	困
砂	座	済	裁	策	冊	蚕	至	私	姿	視	詞	誌	磁
射	捨	域	諸	若	諸	収	宗	諸	衆	従	縦	諸	熟
純	処	諸	諸	除	承	将	傷	諸	蒸	針	仁	垂	推
諸	盛	聖	誠	舌	宣	胃	諸	泉	洗	染	銭	善	奏
窓	創	装	恩	層	操	蔵	我	存	諸	退	宅	担	探
誕	段	暖	諸	宙	忠	著	庁	灰	頂	諸	潮	賃	痛
敵	展	諸	党	糖	届	難	諸	認	胸	納	脳	派	拝
諸	肺	俳	班	晩	諸	批	秘	胃	宇	恩	諸	陛	閉
片	補	暮	宝	訪	亡	忘	諸	枚	幕	密	盟	模	訳
郵	優	預	幼	欲	諸	乱	卵	覧	諸	諸	臨	朗	論

目標（　　分　　秒）　今回（　　分　　秒）

「諸」は全部で（　　）個

年　　組

漢字数え 5

「銭」という漢字の数を数えながら、できるだけ早く「銭」に✓を付けましょう。数えたら、その数を下に書きましょう。

胃	銭	遺	域	宇	銭	延	沿	恩	我	灰	銭	革	閣
銭	株	干	銭	看	簡	危	机	銭	貴	疑	吸	供	胸
郷	勤	筋	系	銭	警	劇	激	穴	券	絹	銭	憲	源
厳	銭	呼	誤	后	銭	皇	紅	降	鋼	刻	穀	骨	困
砂	座	済	銭	策	冊	蚕	至	銭	姿	視	銭	誌	磁
射	捨	域	尺	若	銭	収	宗	就	衆	従	縦	銭	熟
純	処	署	諸	除	承	将	傷	銭	蒸	針	仁	垂	推
寸	銭	聖	銭	舌	宣	胃	専	泉	洗	染	銭	善	奏
窓	創	装	恩	層	銭	蔵	我	存	尊	退	銭	担	探
銭	段	暖	値	宙	忠	著	庁	銭	頂	腸	潮	賃	痛
敵	展	討	銭	糖	届	難	乳	認	胸	納	脳	銭	拝
背	銭	俳	班	晩	否	批	秘	俵	腹	奮	銭	陛	閉
銭	補	暮	宝	訪	銭	忘	棒	枚	幕	密	盟	模	訳
郵	銭	預	銭	欲	翌	乱	卵	銭	裏	律	臨	朗	論

目標（　　分　　秒）　今回（　　分　　秒）

「銭」 は全部で［　　　］個

年　　組

漢字数え 6

「善」という漢字の数を数えながら、できるだけ早く「善」に✓を付けましょう。数えたら、その数を下に書きましょう。

胃	異	善	域	宇	善	延	沿	恩	我	灰	拡	善	閣
割	善	干	巻	看	簡	危	机	揮	貴	善	吸	供	胸
郷	勤	筋	系	敬	善	劇	激	善	善	絹	権	憲	源
厳	己	呼	善	后	孝	皇	紅	降	鋼	刻	穀	善	困
砂	善	済	裁	策	冊	善	至	私	姿	善	詞	誌	磁
射	捨	域	尺	善	樹	収	宗	善	衆	従	縦	善	熟
純	処	善	諸	除	承	善	傷	障	善	針	仁	垂	推
寸	盛	聖	誠	善	宣	胃	専	泉	洗	染	銭	善	奏
窓	善	装	恩	層	操	蔵	我	善	尊	善	宅	善	探
誕	段	暖	値	善	忠	著	庁	灰	善	腸	潮	賃	痛
敵	展	討	党	糖	届	難	乳	認	胸	納	脳	派	拝
背	肺	俳	善	晩	否	批	秘	善	腹	善	並	善	閉
片	善	暮	宝	訪	善	忘	棒	枚	善	密	盟	模	訳
郵	優	預	善	欲	翌	乱	卵	善	裏	律	臨	朗	論

目標（　　分　　秒）　今回（　　分　　秒）

「善」は全部で（　　）個

年　　組

漢字数え 7

「創」という漢字の数を数えながら、できるだけ早く「創」に✓を付けましょう。ただし、「創」の左どなりの漢字が色の名前の時は、✓を付けません。さいごに、✓の数を下に書きましょう。

胃	異	創	域	宇	映	延	沿	赤	我	灰	創	革	閣
割	株	干	青	創	簡	危	創	揮	貴	疑	創	供	胸
郷	勤	筋	系	敬	警	劇	激	穴	創	白	権	憲	源
厳	白	創	誤	創	赤	皇	紅	降	鋼	刻	穀	骨	困
青	座	黄	創	策	冊	蚕	創	私	姿	視	詞	誌	磁
射	捨	域	尺	若	創	収	宗	就	創	従	縦	縮	熟
純	処	黒	諸	創	承	将	傷	障	蒸	黒	仁	垂	推
寸	盛	聖	誠	舌	宣	赤	創	泉	洗	染	銭	善	奏
青	創	装	恩	層	操	蔵	我	存	創	退	宅	担	探
誕	段	暖	創	創	黒	著	庁	創	頂	銀	潮	賃	痛
敵	展	創	党	糖	青	難	乳	認	白	納	脳	派	拝
背	創	俳	班	晩	否	批	創	俵	創	奮	創	陛	閉
片	補	黄	創	創	亡	忘	棒	創	幕	密	盟	模	訳
郵	優	預	幼	欲	創	乱	卵	覧	白	律	臨	創	論

目標（　　分　　秒）　今回（　　分　　秒）

「✓」　は全部で［　　　］個

年　　組

漢字数え 8

「尊」という漢字の数を数えながら、できるだけ早く「尊」に✓を付けましょう。ただし、「尊」の左どなりの漢字が色の名前の時は、✓を付けません。さいごに、✓の数を下に書きましょう。

胃	異	尊	域	宇	映	延	沿	恩	尊	灰	拡	革	閣
黒	株	干	巻	看	尊	危	机	揮	貴	赤	吸	供	胸
郷	勤	尊	系	白	警	劇	激	穴	尊	絹	権	憲	源
厳	己	呼	白	后	尊	皇	紅	降	黄	尊	穀	尊	困
砂	座	済	裁	策	尊	尊	至	黒	姿	視	詞	誌	磁
白	捨	黒	尺	若	樹	赤	宗	就	衆	従	縦	尊	熟
純	処	署	諸	除	承	将	銀	障	黒	尊	仁	垂	推
寸	盛	聖	誠	舌	宣	尊	専	泉	洗	染	尊	善	奏
黒	尊	装	恩	緑	尊	蔵	我	存	尊	白	宅	担	探
誕	段	暖	尊	宙	忠	著	尊	灰	頂	腸	潮	賃	痛
敵	展	討	黒	尊	届	難	乳	認	赤	尊	脳	尊	拝
背	肺	俳	班	晩	否	尊	緑	俵	腹	奮	並	陛	閉
黒	補	暮	宝	尊	亡	忘	棒	白	幕	尊	盟	模	訳
郵	優	尊	黒	尊	翌	尊	黄	覧	裏	律	臨	尊	論

目標（　　分　　秒）　今回（　　分　　秒）

「✓」は全部で［　　　］個

漢字数え 9

「閣」という漢字の数を数えながら、できるだけ早く「閣」に✓を付けましょう。ただし、「閣」の左どなりの漢字が色の名前の時は、✓を付けません。さいごに、✓の数を下に書きましょう。

胃 異 遺 域 宇 映 閣 沿 恩 我 灰 拡 閣 閣
割 株 干 白 閣 簡 危 机 揮 貴 疑 吸 供 胸
郷 閣 閣 系 敬 警 劇 域 激 青 閣 絹 権 憲
源 白 己 閣 誤 閣 黒 皇 間 降 鋼 間 穀 黒
困 砂 座 済 裁 策 冊 蚕 至 私 白 視 詞 誌
磁 射 閣 尺 閣 樹 収 割 閣 青 閣 従 縦 閣
間 純 処 閣 諸 除 承 将 映 傷 銀 閣 針 仁
閣 黒 寸 緑 聖 閣 舌 宣 専 泉 洗 染 銭 白
奏 窓 創 装 層 操 蔵 臓 閣 恩 尊 退 宅 間
探 誕 閣 暖 間 宙 忠 閣 庁 頂 腸 閣 賃 痛
敵 展 討 党 糖 届 難 乳 閣 認 納 脳 派 拝
閣 肺 閣 班 緑 閣 批 閣 俵 腹 閣 並 陛 閉
片 補 暮 宝 訪 亡 忘 棒 間 幕 密 盟 閣 訳
郵 優 預 閣 黄 閣 乱 卵 覧 裏 閣 臨 朗 論

目標（　　分　　秒）　今回（　　分　　秒）

「✓」　は全部で〔　　　〕個

漢字数え 10

「宗」という漢字の数を数えながら、できるだけ早く「宗」に✓を付けましょう。ただし、「宗」の左どなりの漢字が色の名前の時は、✓を付けません。さいごに、✓の数を下に書きましょう。

胃	異	遺	域	宇	宗	延	沿	恩	我	白	宗	革	青
割	宗	白	巻	黄	宗	危	机	揮	貴	疑	吸	供	胸
宗	勤	筋	系	敬	警	劇	域	黒	穴	宗	絹	権	憲
源	厳	己	呼	赤	宗	孝	皇	紅	降	鋼	刻	穀	骨
困	砂	座	済	裁	白	宗	蚕	至	私	姿	宗	青	誌
磁	宗	捨	尺	若	樹	収	割	宗	就	衆	従	縦	縮
熟	純	処	署	黒	宗	承	赤	宗	傷	障	蒸	針	仁
垂	推	寸	宗	聖	銀	宗	宣	専	青	洗	染	銭	善
奏	窓	創	装	層	操	蔵	臓	存	恩	宗	退	宅	担
宗	誕	段	暖	値	宗	忠	著	庁	宗	腸	潮	賃	痛
敵	宗	青	党	糖	届	難	赤	我	認	宗	宗	派	拝
背	肺	俳	班	晩	否	宗	秘	白	腹	奮	並	陛	閉
片	補	暮	宝	赤	宗	黒	棒	宗	幕	密	盟	模	訳
郵	宗	預	幼	宗	翌	乱	卵	覧	裏	白	宗	朗	論

目標（　　分　　秒）　今回（　　分　　秒）

「✓」は全部で［　　　］個

年　　組

漢字数え 11

「層」という漢字の数を数えながら、できるだけ早く「層」に✓を付けましょう。ただし、「層」の左どなりの漢字が色の名前の時は、✓を付けません。さいごに、✓の数を下に書きましょう。

胃	異	遺	層	宇	緑	延	沿	層	我	灰	拡	革	閣
層	白	干	巻	看	簡	危	机	揮	貴	疑	吸	供	層
郷	層	筋	黒	層	警	劇	域	激	層	券	絹	権	憲
赤	厳	己	呼	誤	后	層	皇	紅	降	青	層	穀	骨
困	砂	座	層	裁	策	冊	蚕	層	私	姿	視	詞	誌
層	射	捨	尺	若	黄	層	黒	宗	就	衆	従	縦	縮
白	層	処	署	諸	除	承	将	映	層	障	蒸	針	仁
垂	推	寸	緑	聖	誠	舌	層	専	泉	洗	染	層	善
奏	窓	創	装	層	操	蔵	臓	存	青	尊	退	宅	担
探	誕	段	暖	値	宙	忠	層	庁	頂	黒	層	賃	痛
敵	展	討	層	層	白	難	乳	我	層	納	脳	派	拝
層	肺	俳	班	晩	否	層	青	層	腹	奮	並	陛	閉
片	補	暮	宝	訪	亡	忘	棒	枚	幕	密	黒	模	層
郵	層	預	層	欲	翌	層	卵	覧	層	律	臨	朗	論

目標（　　分　　秒）　今回（　　分　　秒）

「✓」　は全部で［　　　］個

年　　組

漢字数え 12

「誕」という漢字の数を数えながら、できるだけ早く「誕」に✓を付けましょう。ただし、「誕」の左どなりの漢字が色の名前の時は、✓を付けません。さいごに、✓の数を下に書きましょう。

胃	異	遺	誕	宇	赤	延	誕	恩	我	誕	黒	革	誕
誕	株	干	白	誕	簡	危	机	揮	貴	疑	吸	供	胸
郷	勤	筋	系	敬	警	誕	域	黒	穴	券	絹	権	憲
源	厳	赤	誕	誕	后	孝	誕	紅	青	鋼	刻	穀	誕
誕	黒	座	済	裁	策	冊	蚕	至	私	誕	視	詞	誌
磁	射	捨	尺	若	樹	誕	緑	宗	就	衆	従	縦	縮
熟	純	処	署	誕	除	青	誕	映	傷	障	蒸	針	仁
垂	推	寸	盛	緑	誠	舌	宣	専	泉	洗	染	銭	誕
奏	窓	創	装	層	操	蔵	臓	存	銀	誕	退	宅	担
探	誕	段	誕	値	宙	誕	著	黒	頂	腸	潮	賃	痛
敵	展	討	党	糖	届	難	誕	我	認	誕	脳	派	誕
背	肺	俳	班	晩	否	誕	秘	俵	腹	奮	並	陛	閉
片	補	黄	誕	訪	亡	忘	棒	枚	幕	密	盟	模	訳
誕	優	預	幼	欲	翌	乱	誕	青	裏	誕	臨	朗	論

目標（　　分　　秒）　今回（　　分　　秒）

「✓」は全部で（　　　）個

❷ 数える

漢字算

●子どもにつけて欲しい力

短期記憶の力、答えの写し間違いをしない力、うっかりミスを減らす力を養います。

●進め方

まず上段の右横の計算問題の答えを覚え、左の文章の下線が引かれた平仮名の漢字をイメージして、下段の計算問題の答えと同じ数字を選んで、その横の（　　）に対応する漢字を書きましょう。

●ポイント

・漢字が書けなければ平仮名やカタカナでも問題ありません。
・時間制限はありませんのでゆっくり確実にやるよう伝えましょう。
・なかなか覚えられなければ最初は声に出しながら（「15 は砂」など）、（　　）に漢字を書いてもらいましょう。

●留意点

・計算の答えを覚えながら漢字を書くことを目的にしていますので上段の文章の余白に漢字の答えを書いたり、計算の答えを書いたりしないよう伝えます。
・漢字が分からないときは（　　）には平仮名で書いてもらいましょう。
・（　　）の数が合わないときは計算間違いをしていますので、どこか間違いがないか確認してもらうといいでしょう。
・この課題が難しければ、もっとやさしい課題から取り組ませましょう。（「やさしいコグトレ」あいう算（三輪書店）など）。

取り組み時間：5分　回数　12回分

例

漢字算 1

文の右にある計算の答えと同じ数を下から選んで、線が引いてある漢字を下の（　）に書きましょう。

姉と海ですな遊びをしました	：8＋7
キャンプの次の日に、車をあらいました	：4＋9
急に雨がふりはじめました	：6＋5
まどを開けると、虫が入ってきました	：5＋7
おさないころに、遠くの遊園地へ行きました	：4＋5
10を2でわると、5になります	：5＋8
辛いものを食べると、したがピリピリします	：3＋8
プリントを1まい受け取りました	：9＋2

9（ 幼 ）　13（ 洗 ）（ 割 ）

11（ 降 ）（ 舌 ）（ 枚 ）　15（ 砂 ）

12（ 窓 ）

年　　組

漢字算 1

文の右にある計算の答えと同じ数を下から選んで、線が引いてある漢字を下の（　　）に書きましょう。

姉と海ですな遊びをしました　：8＋7
キャンプの次の日に、車をあらいました　：4＋9
急に雨がふりはじめました　：6＋5
まどを開けると、虫が入ってきました　：5＋7
おさないころに、遠くの遊園地へ行きました　：4＋5
10を2でわると、5になります　：5＋8
辛いものを食べると、したがピリピリします　：3＋8
プリントを1まい受け取りました　：9＋2

9（　　）
11（　　）（　　）（　　）
12（　　）
13（　　）（　　）
15（　　）

年　　組

漢字算 2

文の右にある計算の答えと同じ数を下から選んで、線が引いてある漢字を下の（　　）に書きましょう。

助けてくれた人におんを感じています	：6＋7
紙を燃やすとはいになります	：5＋7
雨が降ったので、服を部屋でほしました	：7＋8
汗をかいたので、首にタオルをまきました	：8＋9
つくえに座って、勉強をします	：6＋3
窓を開けて、キレイな空気をすいました	：9＋2
感謝の気持ちでむねがいっぱいになりました	：5＋6
お姉ちゃんは、ケーキ屋さんにつとめています	：4＋7

9（　　　）

13（　　　）

11（　　　）（　　　）（　　　）

15（　　　）

12（　　　）

17（　　　）

年　　組

漢字算 3

文の右にある計算の答えと同じ数を下から選んで、線が引いてある漢字を下の（　　）に書きましょう。

道でこけて、ズボンにあなが開いてしまいました	：5＋6
ごはんは元気のみなもとです	：7＋8
部屋に閉じ込められ、助けをよびました	：5＋4
急いでいたため、答えをあやまってしまいました	：7＋9
こまったことに、雨が降ってきました	：4＋7
魚のほねが、のどにささってしまいました	：3＋6
足が疲れたので、ベンチにすわりました	：8＋5
友達から本を１さつ借りました	：9＋8

9（　　）（　　）　　15（　　）

11（　　）（　　）　　16（　　）

13（　　）　　17（　　）

年　　組

漢字算 4

文の右にある計算の答えと同じ数を下から選んで、線が引いてある漢字を下の（　　）に書きましょう。

わたしは昨日、カレーを食べました　：9＋2

友達のすがたが見えなくなるまで、手をふりました：7＋4

わかい人が集まっていました　：5＋7

学校で火事が起こったときは、
　先生の指示に静かにしたがいます　：4＋6

お腹がいっぱいで、ごはんがあまってしまいました：7＋8

リレーでこけて、ひざにきずができました　：6＋9

お鍋でプリンをむしました　：3＋7

料理をお皿にもりました　：9＋7

10（　　）（　　）　15（　　）（　　）

11（　　）（　　）　16（　　）

12（　　）

年　　組

漢字算 5

文の右にある計算の答えと同じ数を下から選んで、線が引いてある漢字を下の（　　）に書きましょう。

紙がきれいなピンク色にそまりました	：2＋9
宝さがしをして遊びました	：3＋7
あたたかい季節になりました	：6＋6
計算して出たあたいを答えに書きました	：7＋8
美味しいおかしをいただきました	：8＋9
頭がズキズキいたみます	：9＋5
てきか味方か分かりません	：8＋4
おばあちゃんからプレゼントがとどきました	：7＋7

10（　　　）　　　　14（　　　）（　　　）

11（　　　）　　　　15（　　　）

12（　　　）（　　　）　17（　　　）

年　　組

漢字算 6

文の右にある計算の答えと同じ数を下から選んで、線が引いてある漢字を下の（　　）に書きましょう。

むずかしい問題も協力して解決しました　：5＋7

日々のがんばりをみとめられ、賞状をもらいました：4＋6

友達にせを向け、走りだしました　：3＋8

同じはんの友達と昼食を食べました　：7＋5

ばんごはんは、ハンバーグでした　：8＋8

ごはんを食べ過ぎてしまい、
　おなかが痛くなりました　：2＋9

犬と一緒にくらしています　：1＋9

わすれ物をとりに、家に帰りました　：7＋5

10（　　）（　　）　12（　　）（　　）（　　）

11（　　）（　　）　16（　　）

年　　組

漢字算 7

文の右にある計算の答えと同じ数を下から選んで、線が引いてある漢字を下の（　　）に書きましょう。

言いわけをすると、怒られました	：5＋4
おじいちゃんはいつもやさしいです	：4＋7
旅行に行く間、犬をあずけました	：6＋7
まどを開けると、虫が入ってきました	：3＋8
かぶが暴落しました	：9＋9
プリントのうらに名前を書きました	：7＋6
冷たい物を食べて、いが痛くなりました	：5＋6
ことなる文化を学びました	：9＋4

9（　　　）

11（　　　）（　　　）（　　　）

13（　　　）（　　　）（　　　）

18（　　　）

年　　組

漢字算 8

文の右にある計算の答えと同じ数を下から選んで、線が引いてある漢字を下の（　　）に書きましょう。

鏡にうつった自分の顔を確認しました	：5 + 4
試合が 30 分のびました	：4 + 8
ろうかを走るのは、あぶないことです	：7 + 6
友達にうたがわれてしまいました	：8 + 5
暖色けいの色が好きです	：9 + 7
みんなでげきの練習をしました	：5 + 3
はげしい運動をし、疲れてしまいました	：3 + 6
入場けんを買いました	：9 + 2

8（　　）　　12（　　）

9（　　）（　　）　　13（　　）（　　）

11（　　）　　16（　　）

年　　組

漢字算 9

文の右にある計算の答えと同じ数を下から選んで、線が引いてある漢字を下の（　　）に書きましょう。

兄は犬のしつけに<u>きび</u>しいです　：6＋5

お腹が痛くなり、助けを<u>よ</u>びました　：5＋7

<u>べに</u>色をしたお花がたくさんさいています　：7＋8

包丁でネギを<u>きざ</u>みました　：8＋6

みんなで協力した結果、作業が1日で<u>す</u>みました：6＋8

<u>いた</u>るところに雑草が生えています　：5＋5

道に転がっていた空き缶をゴミ箱に<u>す</u>てました　：7＋7

<u>たて</u>方向に進んでいきます　：9＋8

10（　　）　14（　　）（　　）（　　）

11（　　）　15（　　）

12（　　）　17（　　）

年　　組

漢字算 10

文の右にある計算の答えと同じ数を下から選んで、線が引いてある漢字を下の（　　）に書きましょう。

セーターを洗いすぎたため、ちぢんでしまいました：5＋3
寝不足で、体の動きがにぶくなりました：6＋7
注射のはりが苦手です：8＋9
アイスが手にたれてしまいました：5＋6
歩き続けると、きれいないずみにたどり着きました：9＋5
糸をつけた人形をあやつります：4＋8
びっくりして、1歩しりぞきました：7＋4
階段を1だんずつのぼります：7＋6

8（　　）　　13（　　）（　　）

11（　　）（　　）　　14（　　）

12（　　）　　17（　　）

年　　組

漢字算 11

文の右にある計算の答えと同じ数を下から選んで、線が引いてある漢字を下の（　　）に書きましょう。

苦手な教科を復習しておぎないました　：3＋6

近くでたからが見つかりました　：6＋8

春のおとずれをかんじます　：8＋3

近所のおばあちゃんがなくなりました　：9＋5

おにがぼうをふり回しました　：3＋7

長い歴史のまくが閉じました　：2＋7

よくをかいたばっかりに、失敗しました　：6＋8

全力で走ったため、かみがみだれました　：5＋9

9（　　）（　　）

10（　　）

11（　　）

14（　　）（　　）（　　）（　　）

年　　組

漢字算 12

文の右にある計算の答えと同じ数を下から選んで、線が引いてある漢字を下の（　　）に書きましょう。

たまご料理が大好きです	：6 + 8
川にそって歩きました	：5 + 9
われわれは宇宙から来ました	：8 + 5
お墓に花をそなえました	：5 + 4
はがねの様にかたい体をしています	：7 + 8
学校を卒業して、仕事につきました	：8 + 6
まことにありがとうございます	：5 + 7
きれいな音をかなでる	：9 + 3

9（　　）

13（　　）

12（　　）（　　）

15（　　）

14（　　）（　　）（　　）

❷ 数える

さがし熟語

●子どもにつけて欲しい力

答えを効率よく探すことで、ものを数える際に必要な処理するスピード、計画力を向上させます。

●進め方

たて、よこ、ななめで隣り合った2つの漢字の中で2字熟語になるものを見つけて○で囲み下の（　　　）に書いてもらいます。

●ポイント

・効率よく熟語を探すには、上段から下段の順に、左から右方向（右の例だと「遺」から「産」の方向）に熟語になるものを探していくことを伝えましょう。

・2字熟語の組合せは下→上方向や右→左方向にもありますので色んな方向で見つけていきましょう。

●留意点

・マス目が3×3だと偶然見つけることも可能ですが、マス目が増えてくると次第に困難になってきます。偶然に熟語を見つけることは、漢字つなぎの目的ではありませんので、上段の左端から探すように心がけてもらいましょう。

・まだ知らない熟語であっても漢字辞典で調べるなど次の学習につなげていきましょう。

・この課題は難易度が高めですので、チャレンジ問題といった位置づけです。もし4×4が難しければ、使わない漢字の列と行を線で消して3×3として取り組んでもらってもいいでしょう。

・この課題の計算版が「もっとコグトレ　さがし算60（初級、中級、上級）」（東洋館出版社）ですのでこちらにも取り組んでもらいましょう。

取り組み時間：5分　　回数　8回分

例

さがし熟語 1

縦、横、ななめのとなりあった漢字を2つつなげて熟語を作り、◯で囲んで下の（　　）に書きましょう。

遺	産	疑	朗
株	磁	泉	捨
窓	認	肺	冊
困	陛	並	宙

〔 遺産 〕

異	恩	閉	己
臓	奮	訳	仁
預	革	命	沿
暮	枚	蒸	疑

〔 革命 〕

巻	危	胸	机
鈍	閣	呼	沿
角	認	肺	后
誕	盟	朗	郵

〔 鈍角 〕

勤	憲	源	揮
激	紅	貴	冊
座	族	翌	磁
署	模	至	宙

〔 貴族 〕

年　　組

さがし熟語 1

縦、横、ななめのとなりあった漢字を２つつなげて熟語を作り、◯で囲んで下の（　　）に書きましょう。

遺	産	疑	朗
株	磁	泉	捨
窓	認	肺	冊
困	陛	並	宙

〔　　　　〕

異	恩	閉	己
臓	奮	訳	仁
預	革	命	沿
暮	枚	蒸	疑

〔　　　　〕

巻	危	胸	机
鈍	閣	呼	沿
角	認	肺	后
誕	盟	朗	郵

〔　　　　〕

勤	憲	源	揮
激	紅	貴	冊
座	族	翌	磁
署	模	至	宙

〔　　　　〕

年　　組

さがし熟語 2

縦、横、ななめのとなりあった漢字を２つつなげて熟語を作り、○で囲んで下の（　　）に書きましょう。

冊	裁	肺	枚
鋼	誕	判	看
臓	郵	泉	陛
並	仁	困	俵

〔　　　〕

脳	困	鈍	宙
尺	署	除	盟
誕	八	翌	己
臓	磁	机	皇

〔　　　〕

蒸	垂	誕	翌
捨	承	朗	陛
認	胸	賃	暮
捨	机	盟	冊

〔　　　〕

宙	后	困	臓
創	奏	任	枚
難	担	疑	朗
孝	奮	磁	署

〔　　　〕

年　　組

さがし熟語 3

縦、横、ななめのとなりあった漢字を２つつなげて熟語を作り、○で囲んで下の（　　）に書きましょう。

判	晩	密	操
陛	批	並	孝
脳	奮	展	庁
俵	並	己	蒸

〔　　　　〕

模	后	翌	宇
暮	盟	郵	映
秘	俵	同	閣
沿	朗	捨	仁

〔　　　　〕

仁	認	腸	模
后	朗	誕	郵
窓	蔵	秘	陛
株	危	翌	吸

〔　　　　〕

枚	亡	磁	宙
翌	覧	幼	困
観	腸	朗	枚
奮	仁	机	卵

〔　　　　〕

年　　組

さがし熟語 4

縦、横、ななめのとなりあった漢字を２つつなげて熟語を作り、○で囲んで下の（　　）に書きましょう。

困	鋼	刻	券
若	臓	律	卵
降	規	冊	俵
后	朗	捨	紅

〔　　　　〕

奏	改	洗	姿
舌	朗	善	仁
在	誕	段	己
並	従	危	奏

〔　　　　〕

欲	署	模	磁
翌	臨	蔵	疑
郵	棒	時	后
臓	暮	蒸	頂

〔　　　　〕

胃	沿	朗	胸
誕	看	簡	仁
指	揮	机	看
展	冊	奮	届

〔　　　　〕

年　　組

さがし熟語 5

縦、横、ななめのとなりあった漢字を２つつなげて熟語を作り、○で囲んで下の（　　）に書きましょう。

臓	穀	視	腸
尺	皇	就	模
衆	労	胸	陛
俳	宙	盟	宝

［　　　　］

傷	諸	針	俵
国	朗	臓	己
洗	疑	貴	誕
預	並	机	律

［　　　　］

察	吸	腸	困
晩	警	我	后
貴	延	恩	危
鈍	盟	模	割

［　　　　］

后	砂	蚕	机
詞	臓	策	署
雑	誌	厳	朗
胃	疑	陛	磁

［　　　　］

年　　組

さがし熟語 6

縦、横、ななめのとなりあった漢字を２つつなげて熟語を作り、○で囲んで下の（　　）に書きましょう。

后	弓	灰	晩
机	簡	肺	並
単	砂	困	后
批	郵	模	密

〔　　　〕

源	后	法	窓
己	憲	筋	翌
誤	皇	劇	枚
困	胃	揮	臨

〔　　　〕

穴	吸	供	尺
勤	警	筋	疑
源	疑	肉	貴
針	厳	沿	簡

〔　　　〕

絹	穀	蚕	力
物	済	刻	臓
裁	姿	呼	窓
認	枚	密	盟

〔　　　〕

年　　組

さがし熟語（じゅく）7

縦（たて）、横、ななめのとなりあった漢字を２つつなげて熟語（じゅく）を作り、○で囲（かこ）んで下の（　　）に書きましょう。

冊	胃	骨	承
泉	后	磁	裁
角	策	射	歌
蔵	胸	詞	脳

〔　　　　〕

蚕	磁	石	呼
縦	胸	従	株
除	若	署	窓
至	賃	疑	俵

〔　　　　〕

己	縮	冊	時
至	衆	肺	郵
諸	磁	観	困
降	仁	幼	枚

〔　　　　〕

仁	洗	善	傷
吸	后	冊	警
雑	将	寸	蚕
舌	軍	郡	展

〔　　　　〕

年　　組

さがし熟語 8

縦、横、ななめのとなりあった漢字を２つつなげて熟語を作り、○で囲んで下の（　　）に書きましょう。

蒸	臓	将	疑
泉	障	奏	訳
支	窓	装	株
認	呼	至	肺

〔　　　　〕

盛	創	造	冊
舌	窓	蔵	脳
退	誕	推	奮
捨	担	胸	腸

〔　　　　〕

枚	誕	段	舌
届	属	胸	欲
討	糖	専	難
郵	指	善	奏

〔　　　　〕

優	論	就	疑
覧	卵	忠	尺
裏	朗	腸	誠
雑	后	砂	机

〔　　　　〕

❸ 写す

❸ 写す

点つなぎ

●子どもにつけて欲しい力

ものを正確に写す力といった視覚認知の基礎力を向上させることで漢字の形態を正しく認識する力や、手先の微細運動、視覚と手先運動との協応の力などを養います。

●進め方

上段の見本をみながら、下段に写します。定規は使わずフリーハンドで行います。

●ポイント

・取り組み時間は気にせずゆっくり確実に写してもらいましょう。
・点と点を結ぶ線が歪んでいても、正しく繋ごうとしていることが分かれば正解とします。
・できるだけ消しゴムを使わないで最初から正確に書いてみるよう注意を促しましょう。

●留意点

・ここでは漢字の習得よりも正確に写す力を養うことを目的としていますので、それぞれの学年で習う漢字よりも１学年上の漢字を使用しています。
・どうしても定規を使いたがる子どもがいますが、漢字を書くのに定規を使わないのと同様に下手でもいいので定規は使わないよう伝えます。
・もし正確に写せていなければ、すぐに正解を教えるのではなくどこが間違っているのかを見つけてもらいましょう。３回やらせて見つけられなければ正解を教えて、後日、再トライさせると効果的です。
・点上に漢字が配置されるため、漢字の形態が必ずしも正確でないことがあります。ここでの目的は写す力をつけることですので、時間に余裕があれば正確な漢字形態を教科書などで確認してもらいましょう。
・この課題が難しいようであれば、もっとやさしい課題からスタートさせましょう（「やさしいコグトレ」（三輪書店）点つなぎなど）。

取り組み時間：5分　回数　8回分

例

点つなぎ 1

①に書かれている漢字と同じように、
②に点をつないで漢字を書き写しましょう。

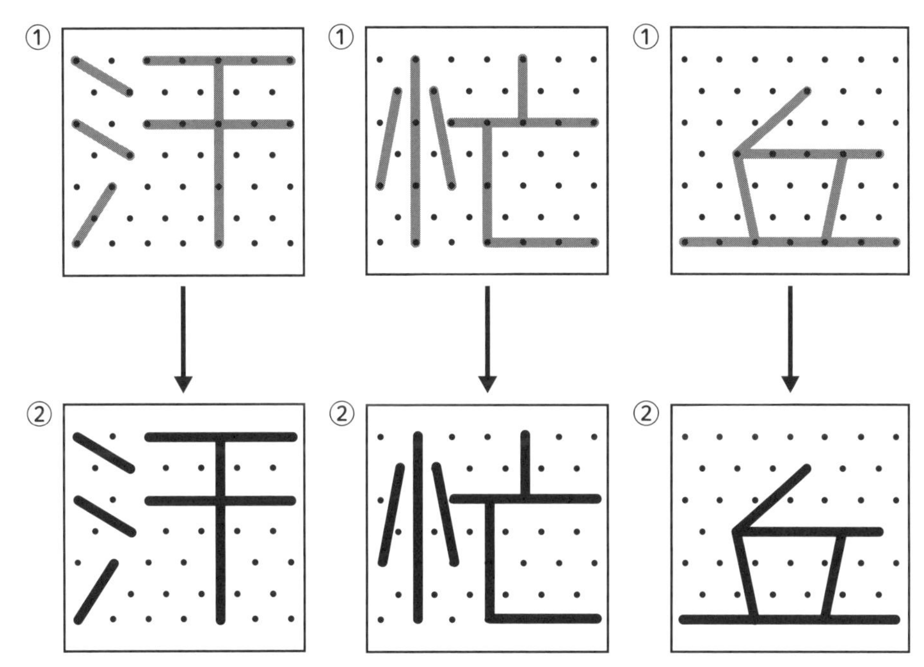

年　　組

点つなぎ 1

①に書かれている漢字と同じように、
②に点をつないで漢字を書き写しましょう。

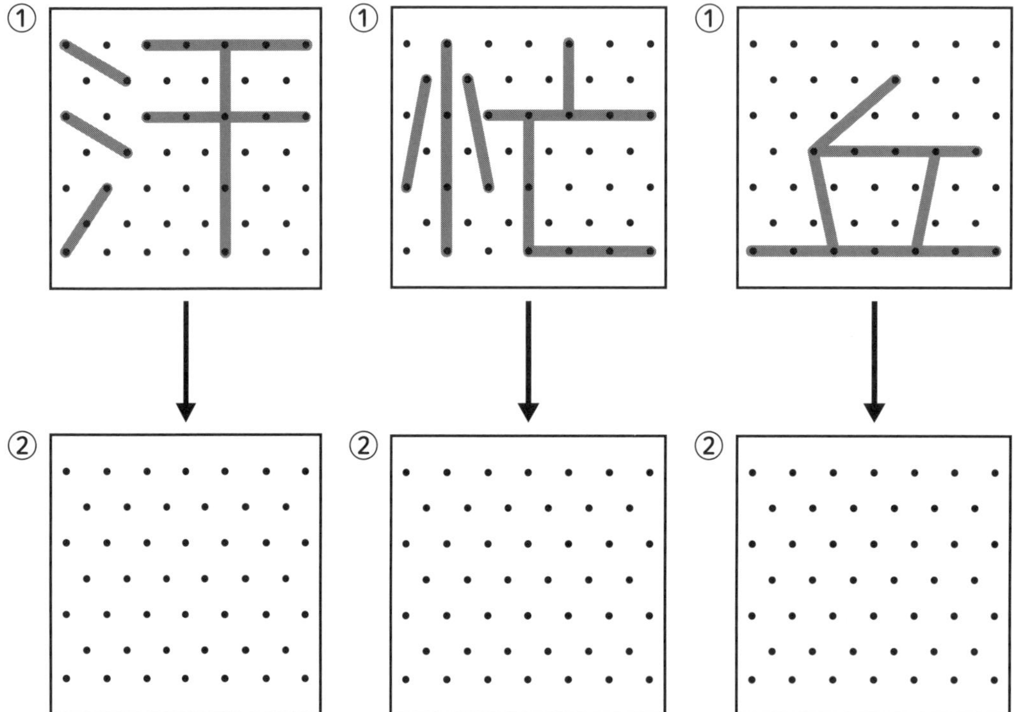

年　　組

点つなぎ 2

①に書かれている漢字と同じように、
②に点をつないで漢字を書き写しましょう。

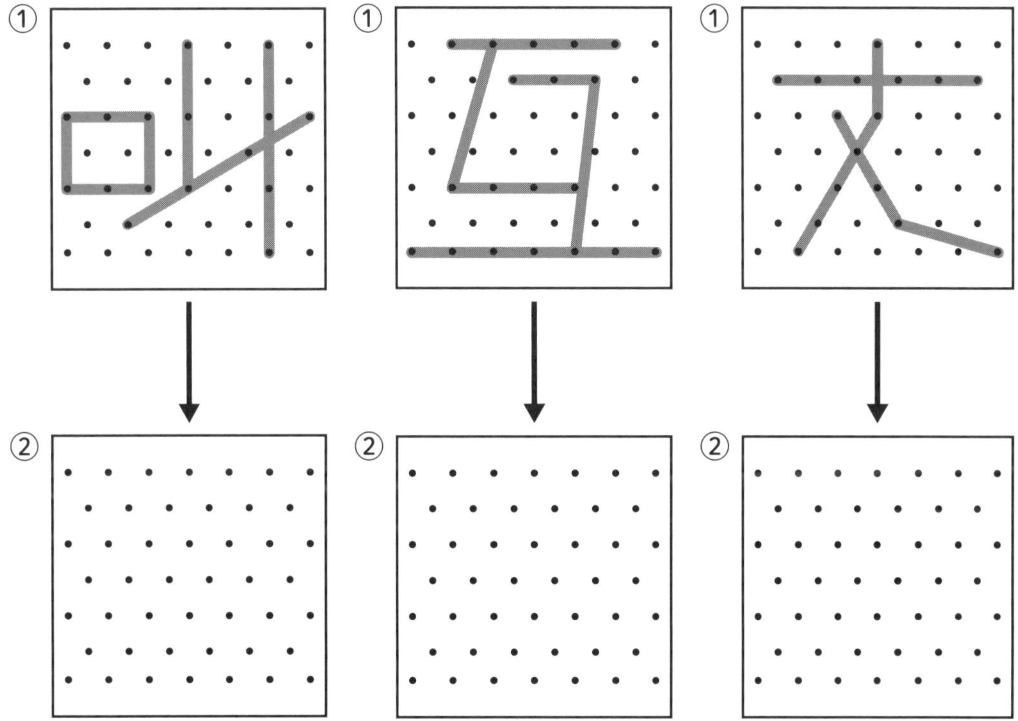

年　　組

点つなぎ 3

①に書かれている漢字と同じように、
②に点をつないで漢字を書き写しましょう。

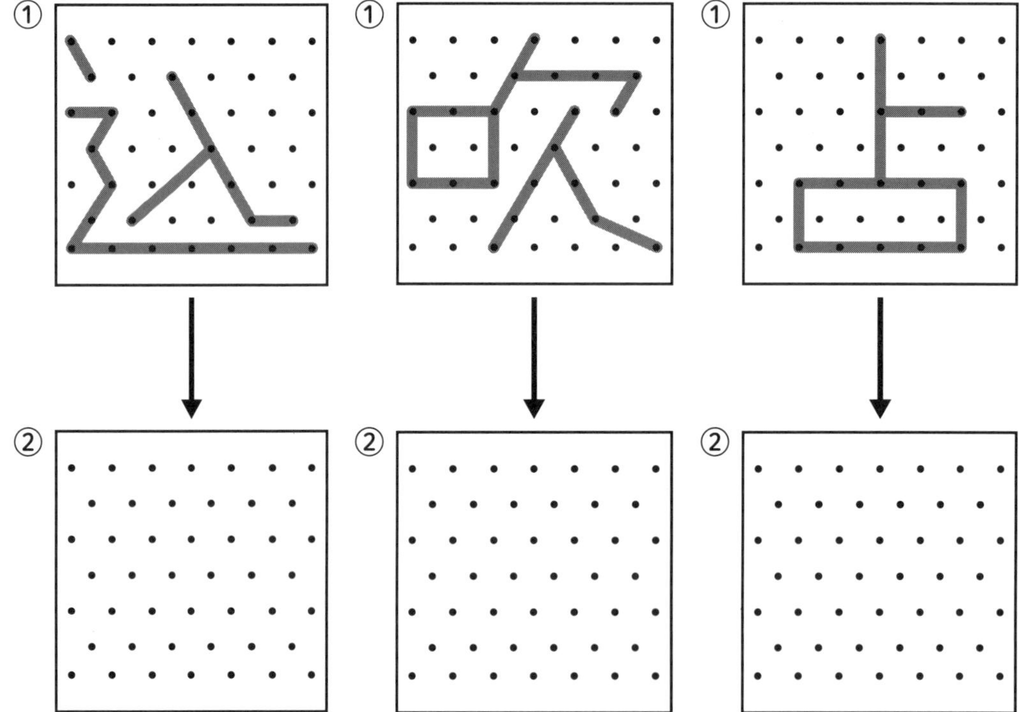

年　　組

点つなぎ 4

①に書かれている漢字と同じように、
②に点をつないで漢字を書き写しましょう。

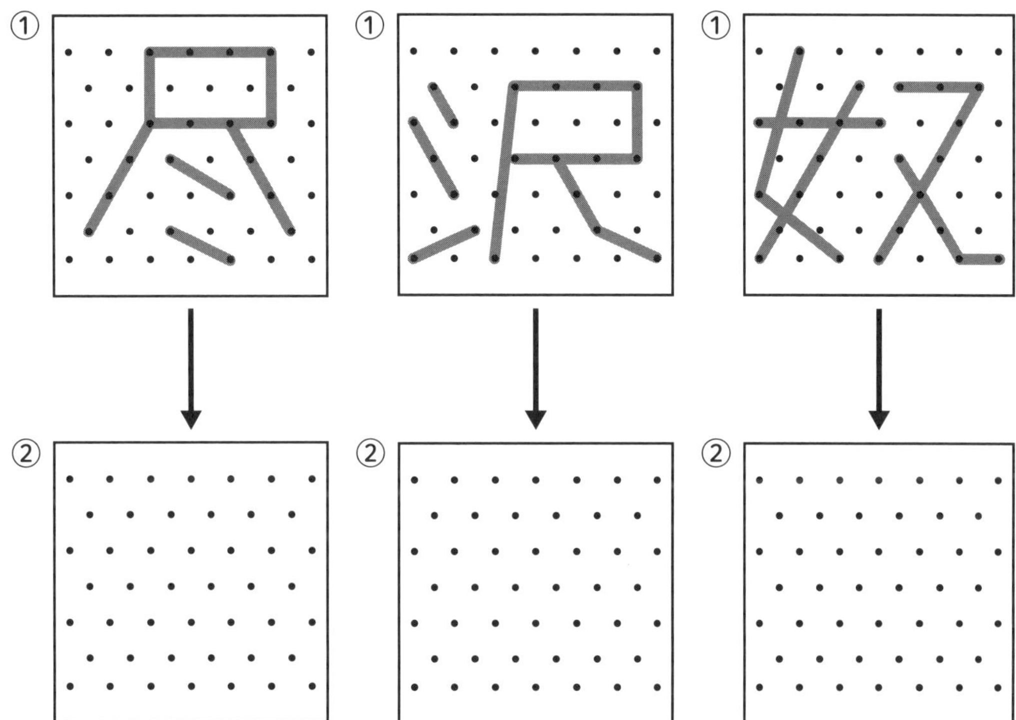

年　　組

点つなぎ 5

①に書かれている漢字と同じように、
②に点をつないで漢字を書き写しましょう。

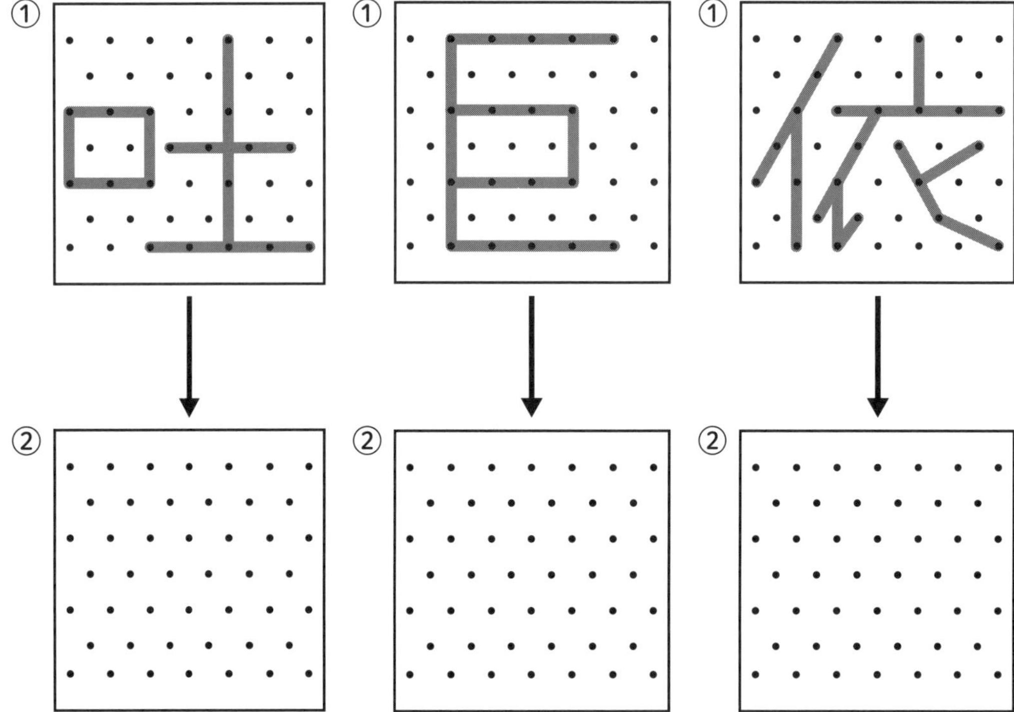

年　　組

点つなぎ ６

①に書かれている漢字と同じように、
②に点をつないで漢字を書き写しましょう。

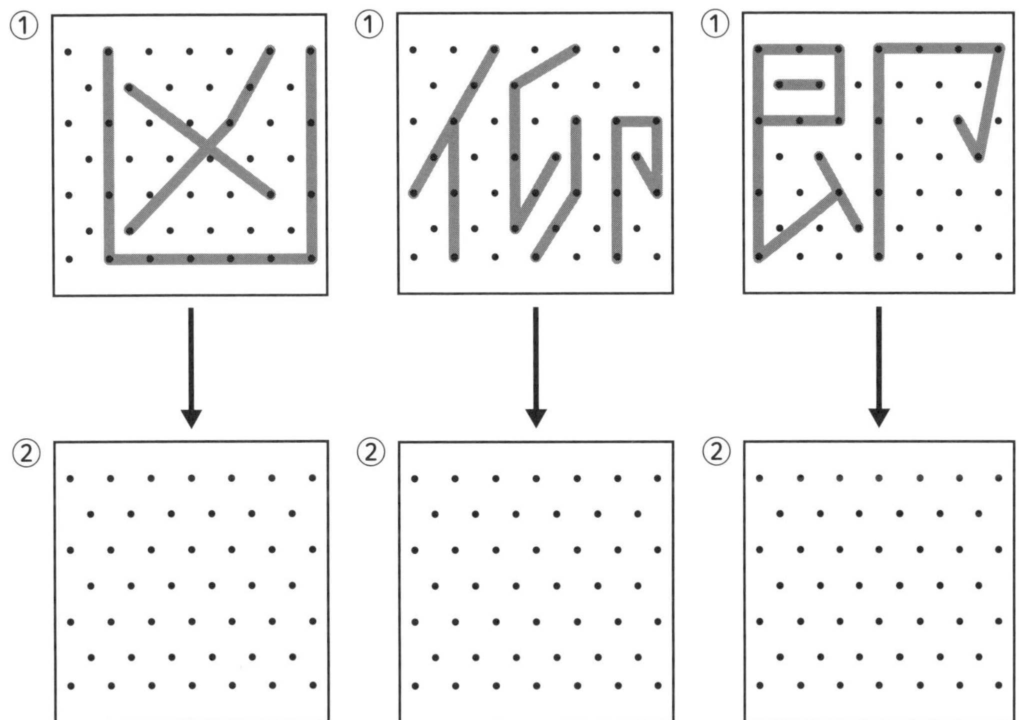

年　　組

点つなぎ 7

①に書かれている漢字と同じように、
②に点をつないで漢字を書き写しましょう。

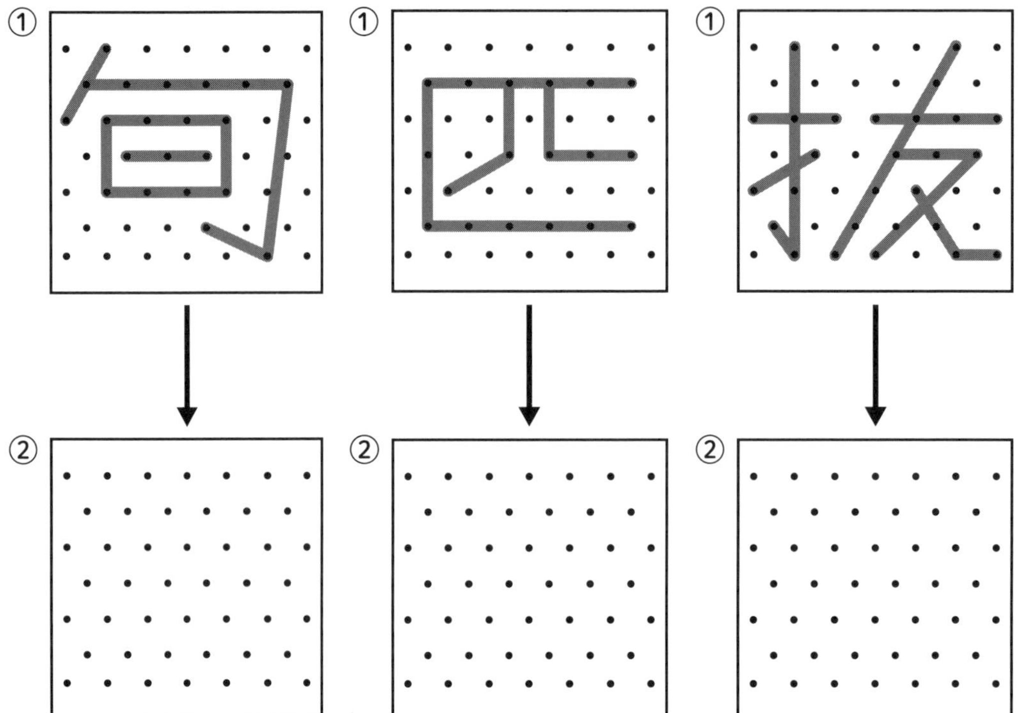

年　　組

点つなぎ 8

①に書かれている漢字と同じように、
②に点をつないで漢字を書き写しましょう。

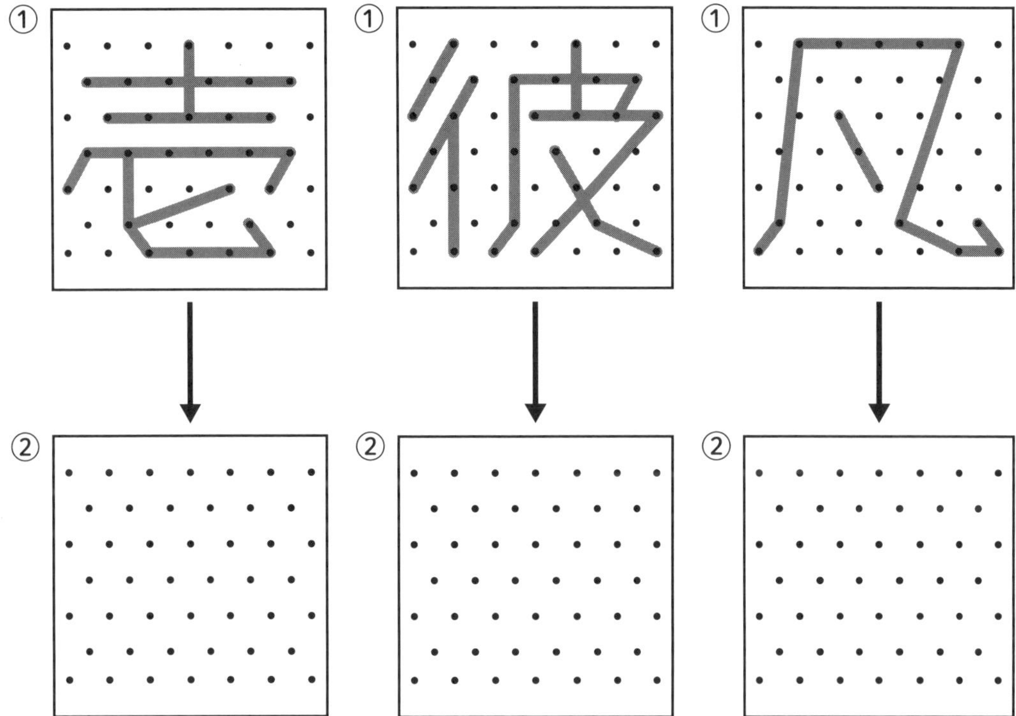

❸ 写す

くるくる漢字

●子どもにつけて欲しい力

角度が変わっても同じ形であることを認識する力、論理性、心的回転の力を養います。

●進め方

上の○の中の漢字を見ながら、下の○に中に正しい方向で写します。小学２年生以上では、上の○の中の点で繋がれた漢字を下に正しい方向で正確に写します。

●ポイント

・上の○の中にある漢字がまず何であるかに気づくことに加え、下の○の中に正しい方向で写す必要があります。ヒントは★の位置です。★と線の位置関係を考えてもらいます。

●留意点

・何の漢字か気づかなければ紙を回転させてあげましょう。

・点上に漢字が配置されるため、漢字の形態が必ずしも正確でないことがあります。ここでの目的は写す力をつけることですので、時間に余裕があれば正確な漢字形態を教科書などで確認してもらいましょう。

取り組み時間：5分　　回数　8回分

例

くるくる漢字 1

上と同じ漢字になるように、下の○に正しい向きで漢字を書きましょう。

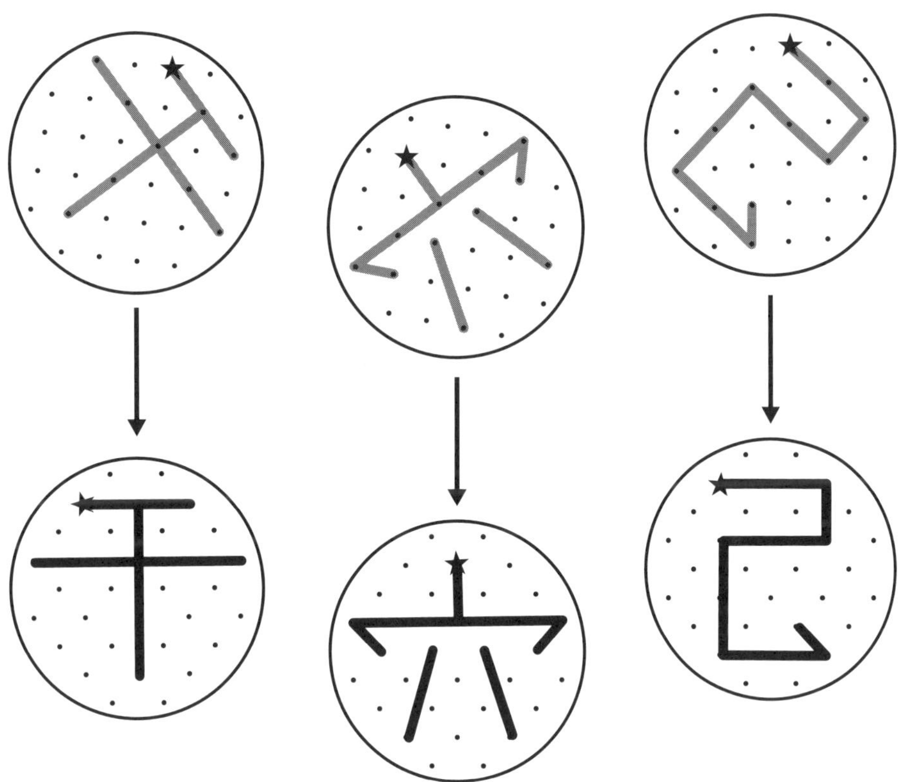

年　　組

くるくる漢字 1

上と同じ漢字になるように、下の○に正しい向きで漢字を書きましょう。

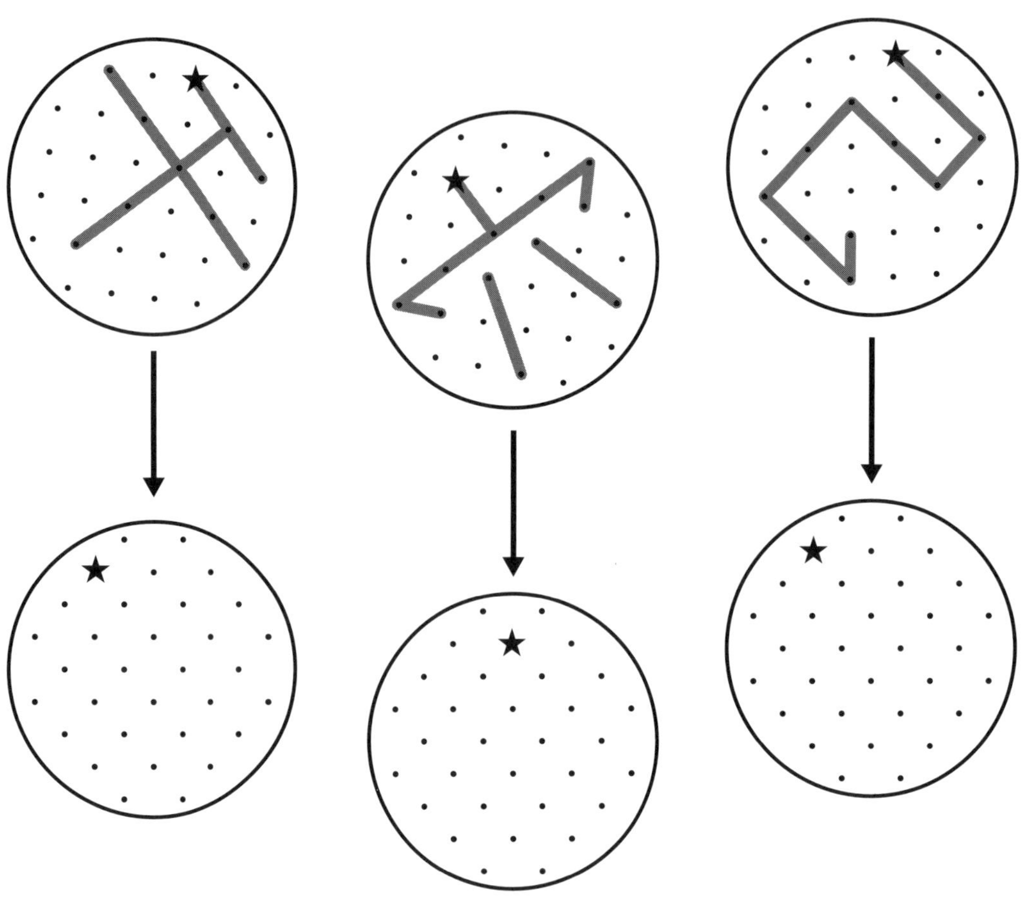

年　　組

くるくる漢字 2

上と同じ漢字になるように、下の○に正しい向きで漢字を書きましょう。

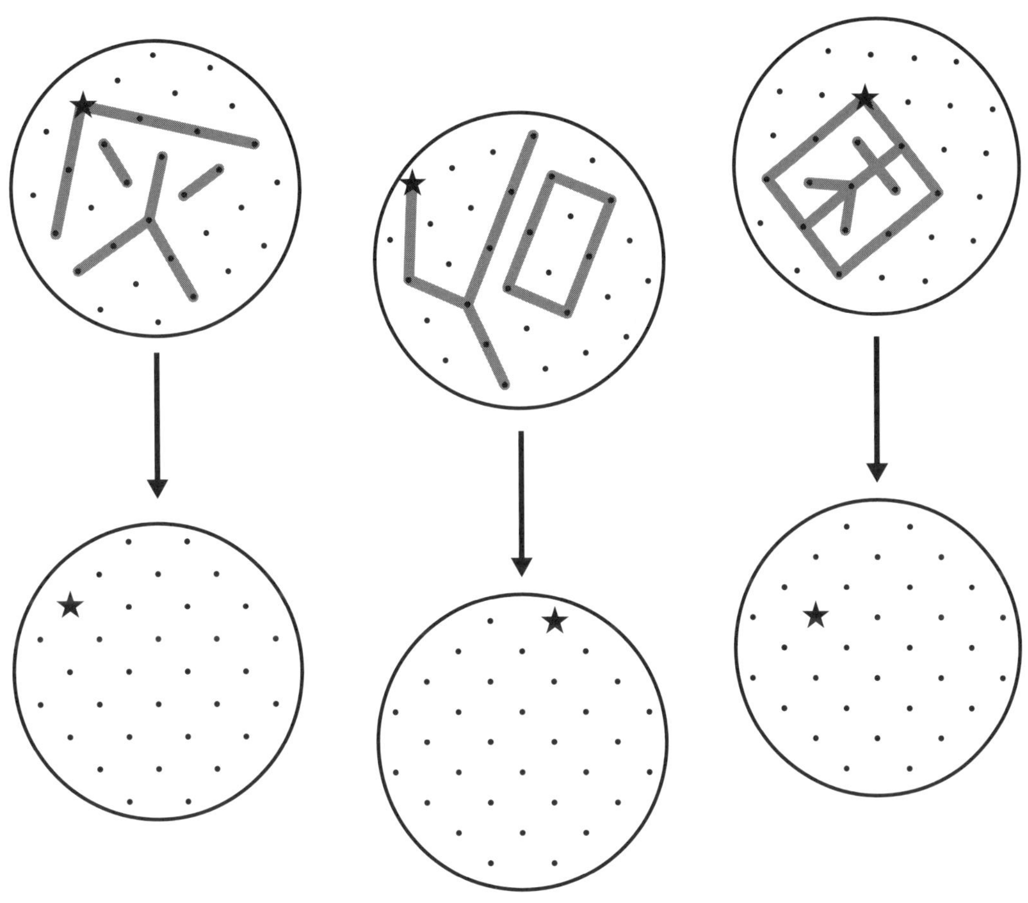

年　　組

くるくる漢字 3

上と同じ漢字になるように、下の○に正しい向きで漢字を書きましょう。

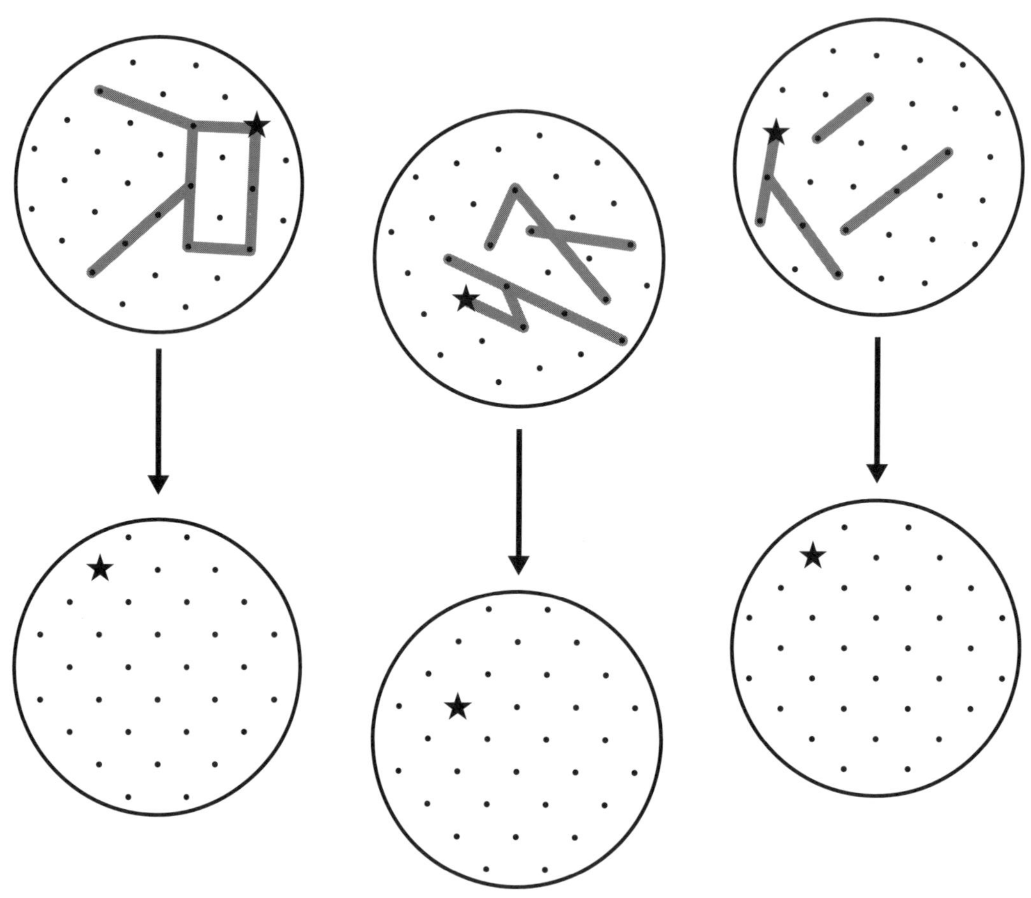

年　　組

くるくる漢字 4

上と同じ漢字になるように、下の○に正しい向きで漢字を書きましょう。

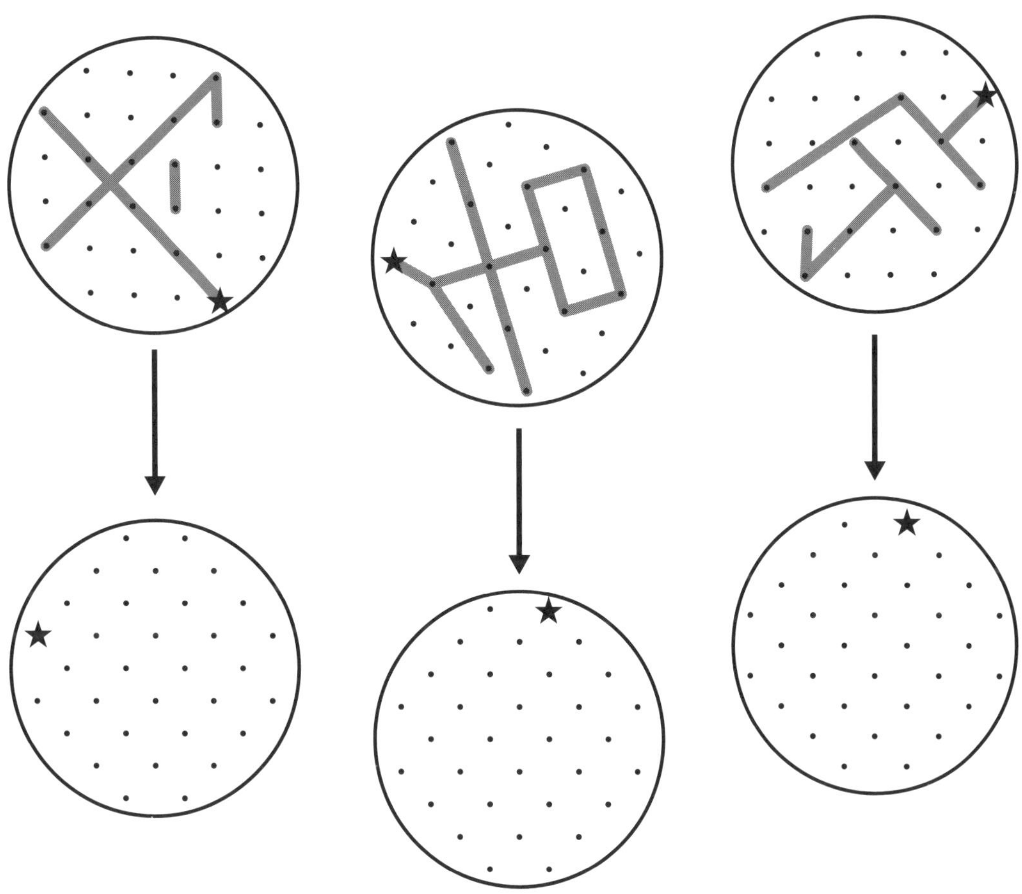

年　　組

くるくる漢字 5

上と同じ漢字になるように、下の○に正しい向きで漢字を書きましょう。

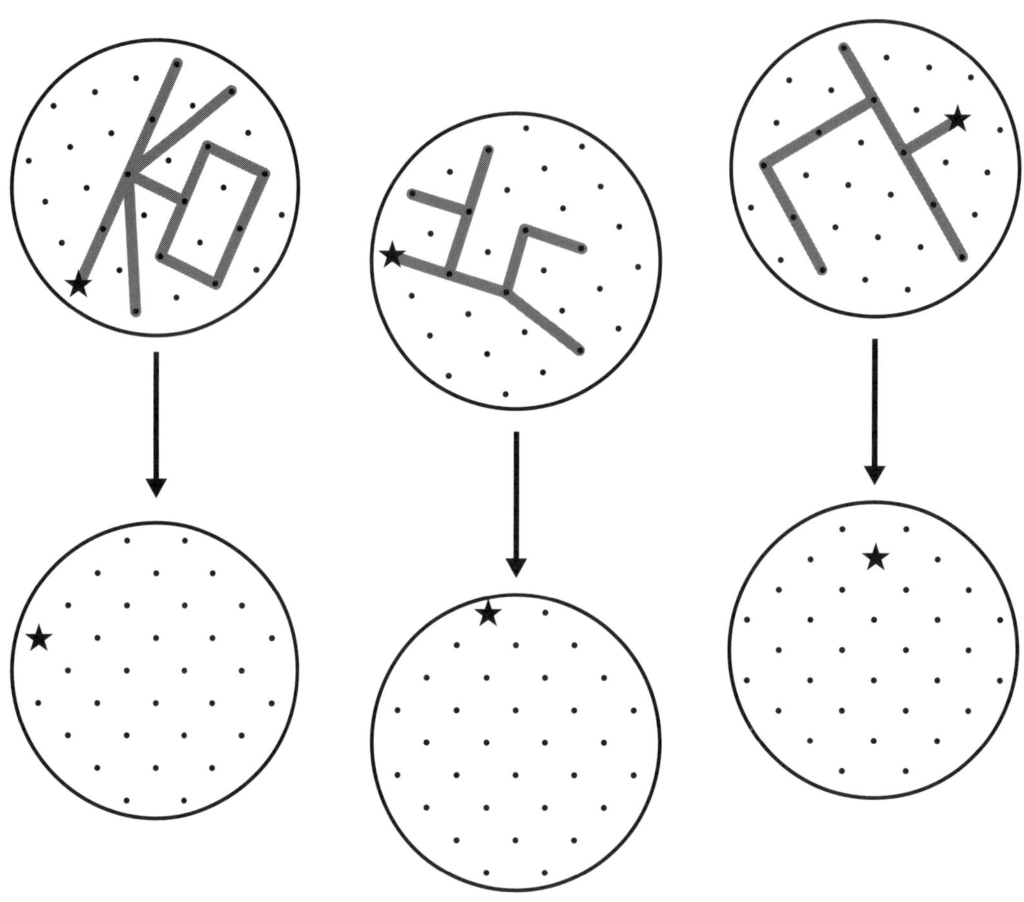

年　　組

くるくる漢字 ❻

上と同じ漢字になるように、下の○に正しい向きで漢字を書きましょう。

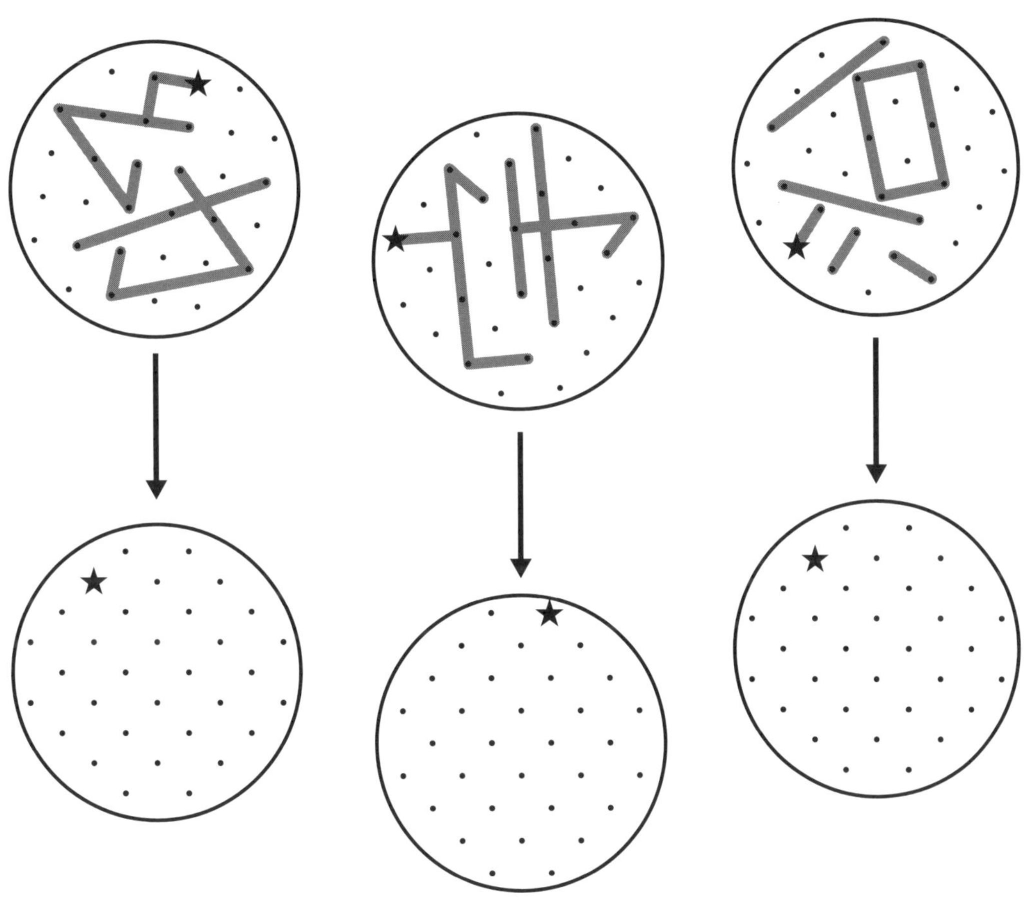

年　　組

くるくる漢字 7

上と同じ漢字になるように、下の○に正しい向きで漢字を書きましょう。

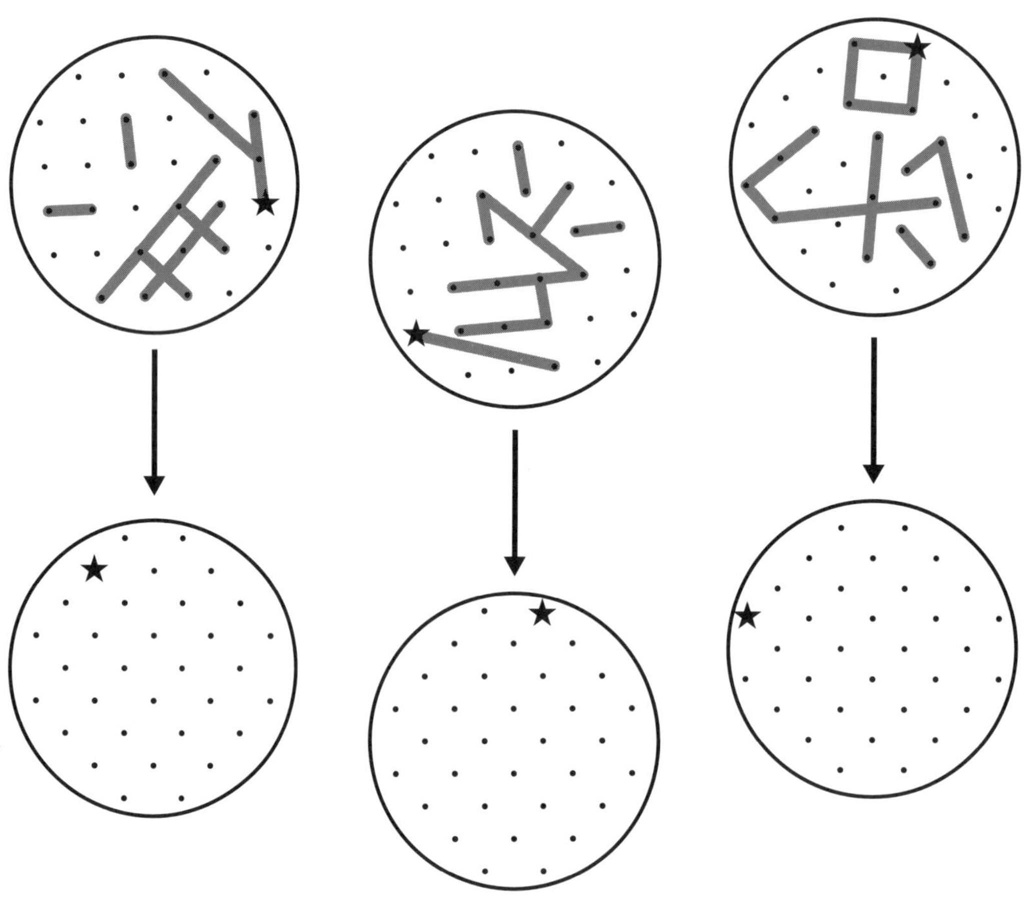

年　　組

くるくる漢字 8

上と同じ漢字になるように、下の○に正しい向きで漢字を書きましょう。

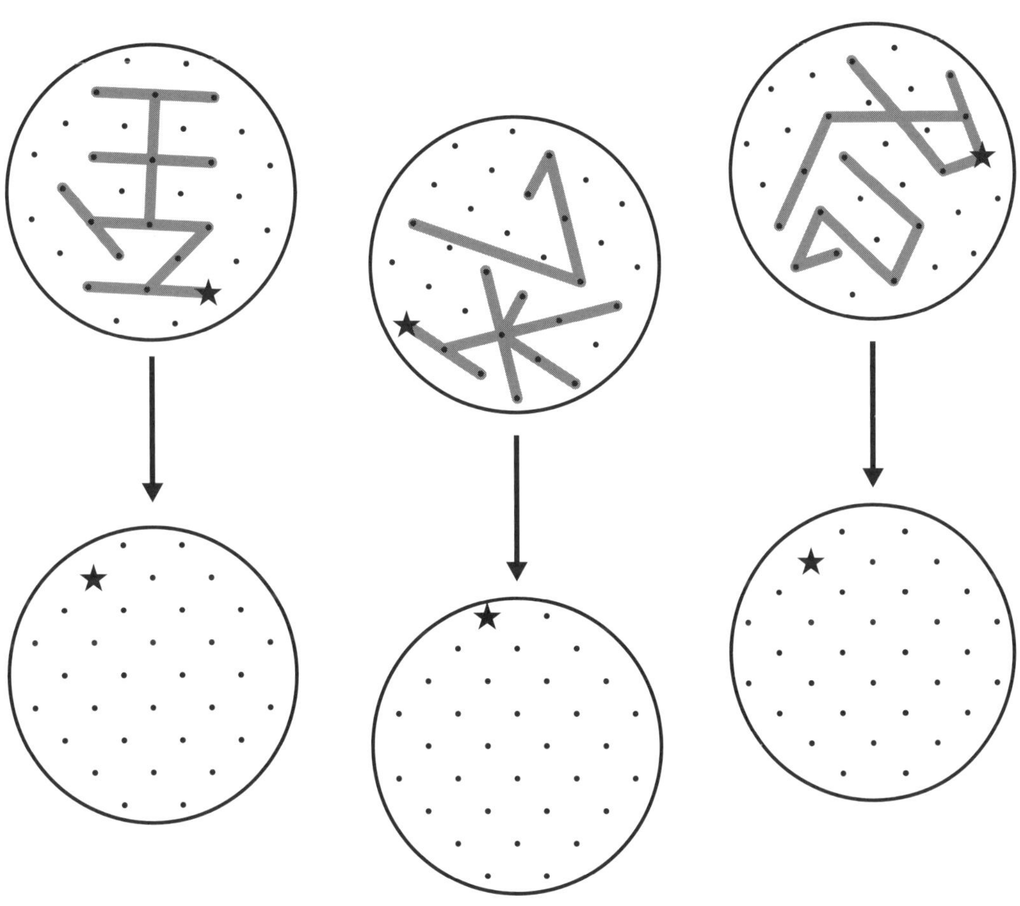

❸ 写す

鏡・水面漢字

●子どもにつけて欲しい力

漢字を鏡像や水面像に置き換え、位置関係を理解する力、想像しながら正確に写す力を養います。

●進め方

鏡と水面に何かの漢字が映っているので、それを想像して正しい漢字を空欄に書き直します。

●ポイント

・何の漢字か分かれば、それを正しく枠に書くだけですので比較的容易ですが、できるだけ鏡像、水面像と同じようになるよう書いてもらいましょう。

・もし漢字が分からない場合は実際に鏡を使って何の漢字か理解してもらいましょう。

●留意点

・もしこの課題が簡単に感じるようであれば「とめ」「はらい」などの位置も正確に写すことにもチャレンジしてみましょう。

例

鏡・水面漢字 1

鏡や水面に写った漢字を、正しく書きましょう。

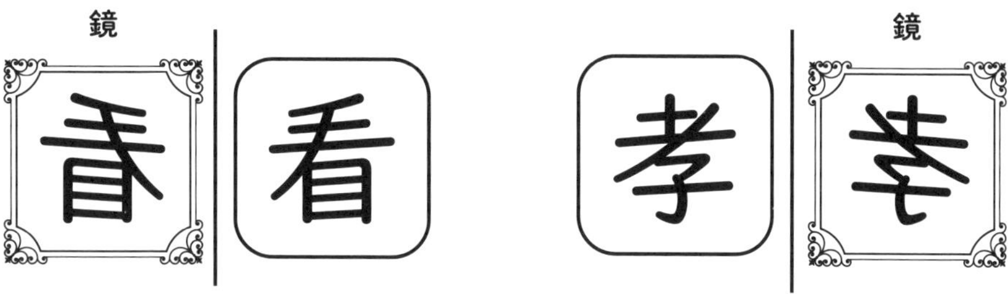

后　收　片

水面

年　　組

鏡・水面漢字 1

鏡や水面に写った漢字を、正しく書きましょう。

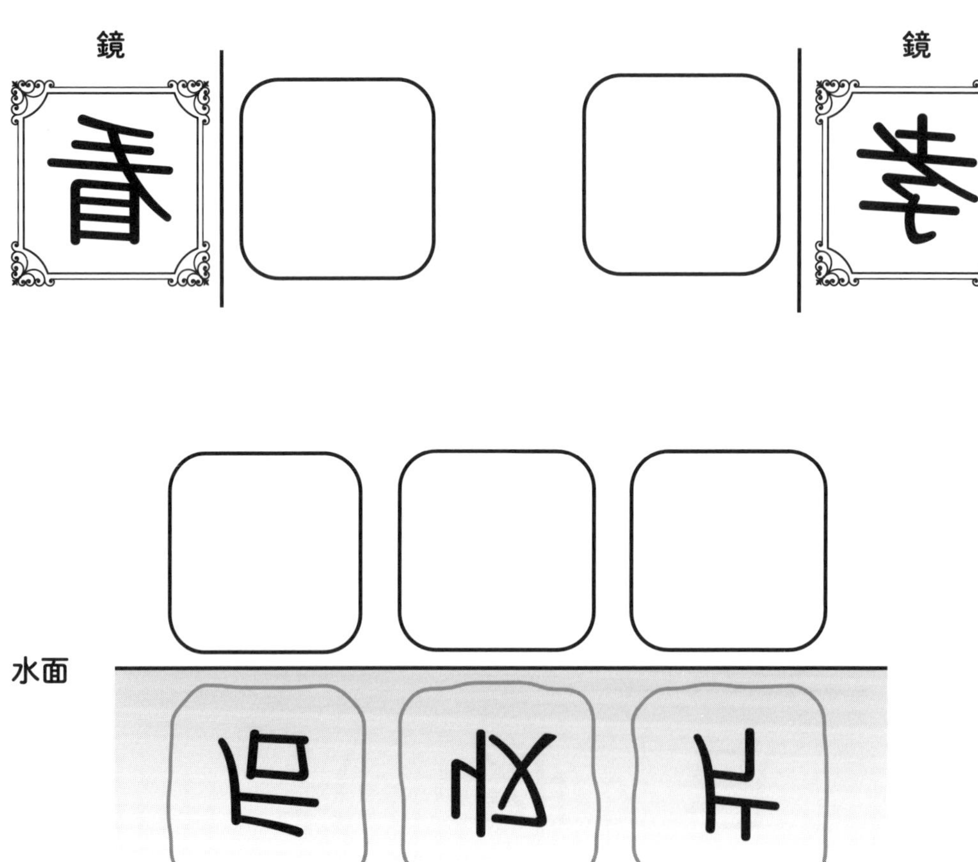

年　　組

鏡・水面漢字 2

鏡や水面に写った漢字を、正しく書きましょう。

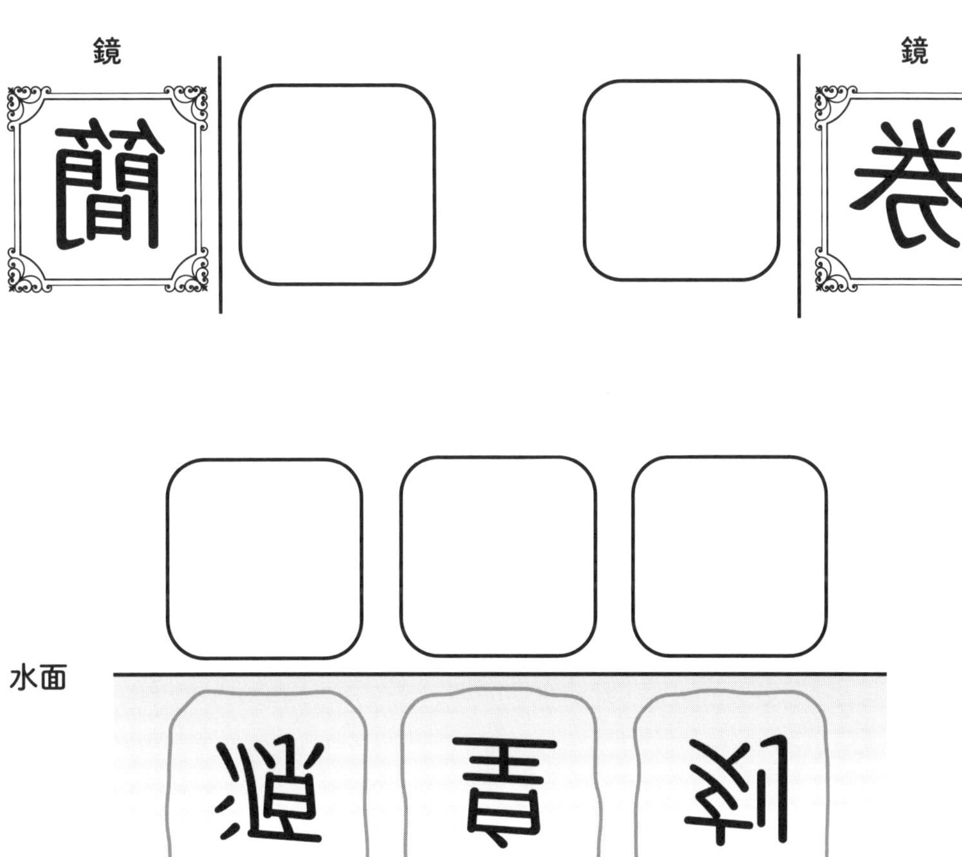

鏡・水面漢字 3

鏡や水面に写った漢字を、正しく書きましょう。

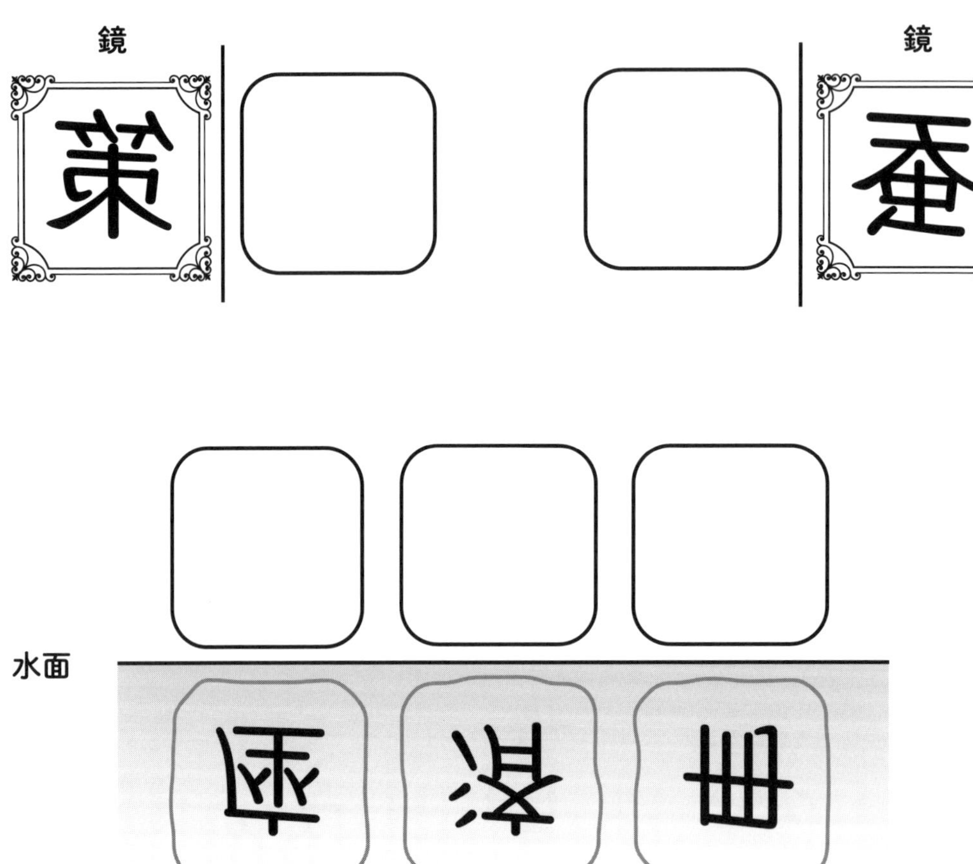

鏡・水面漢字 4

鏡や水面に写った漢字を、正しく書きましょう。

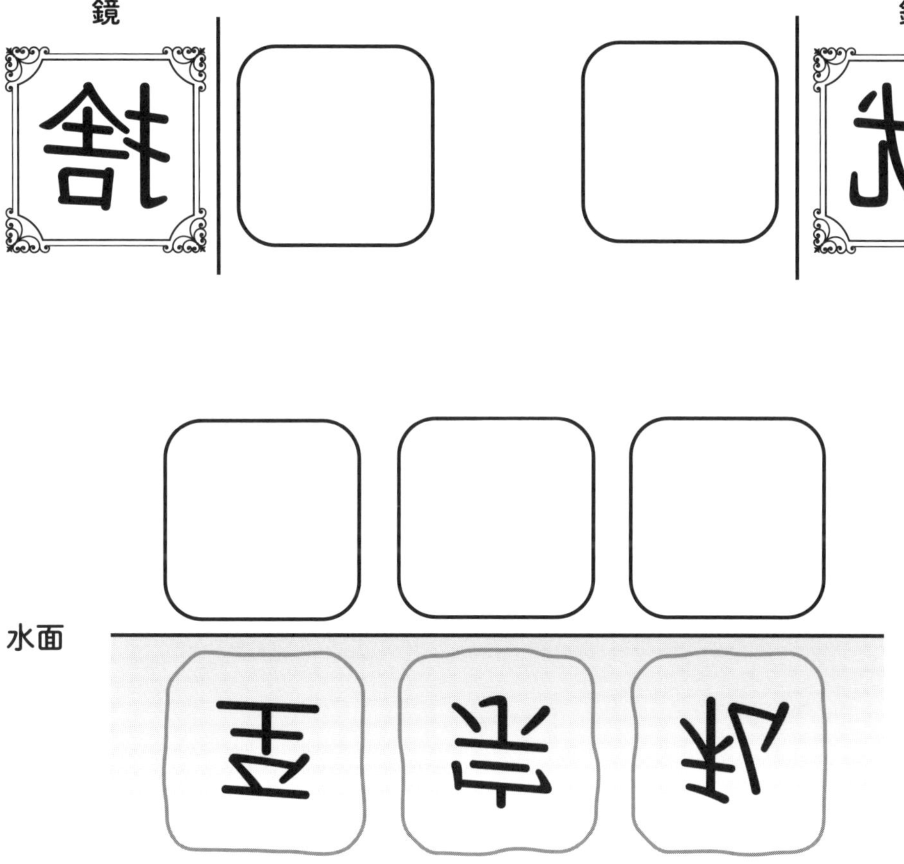

鏡・水面漢字 5

鏡や水面に写った漢字を、正しく書きましょう。

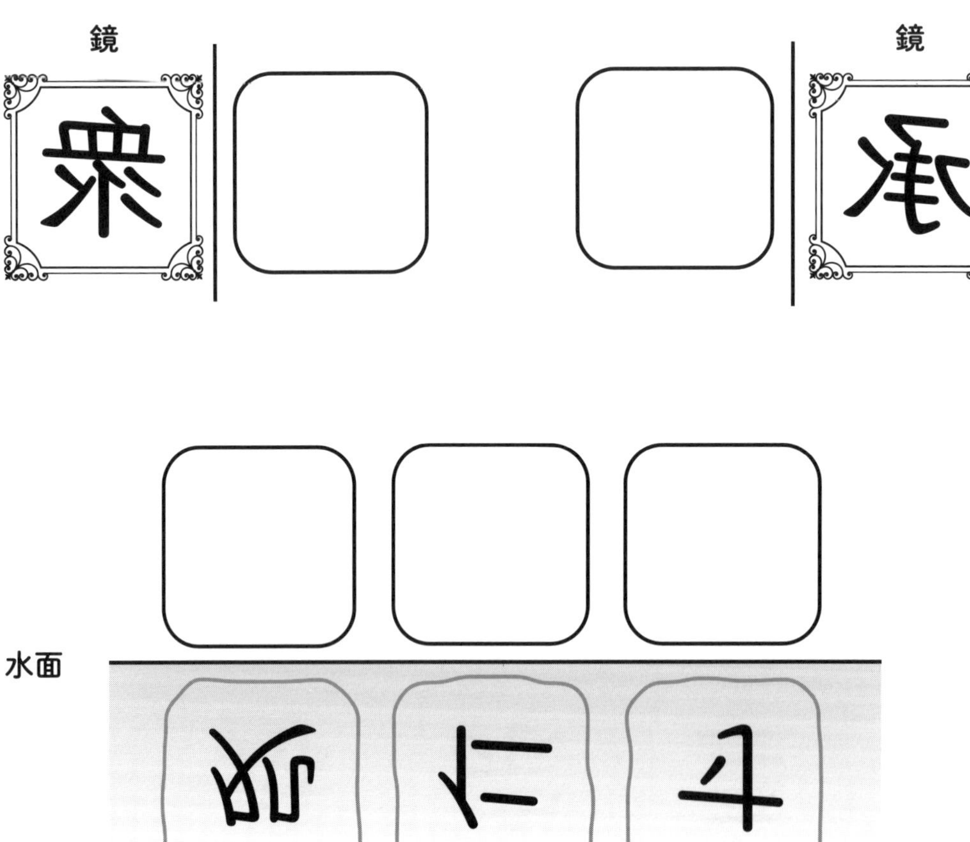

年　　組

鏡・水面漢字 6

鏡や水面に写った漢字を、正しく書きましょう。

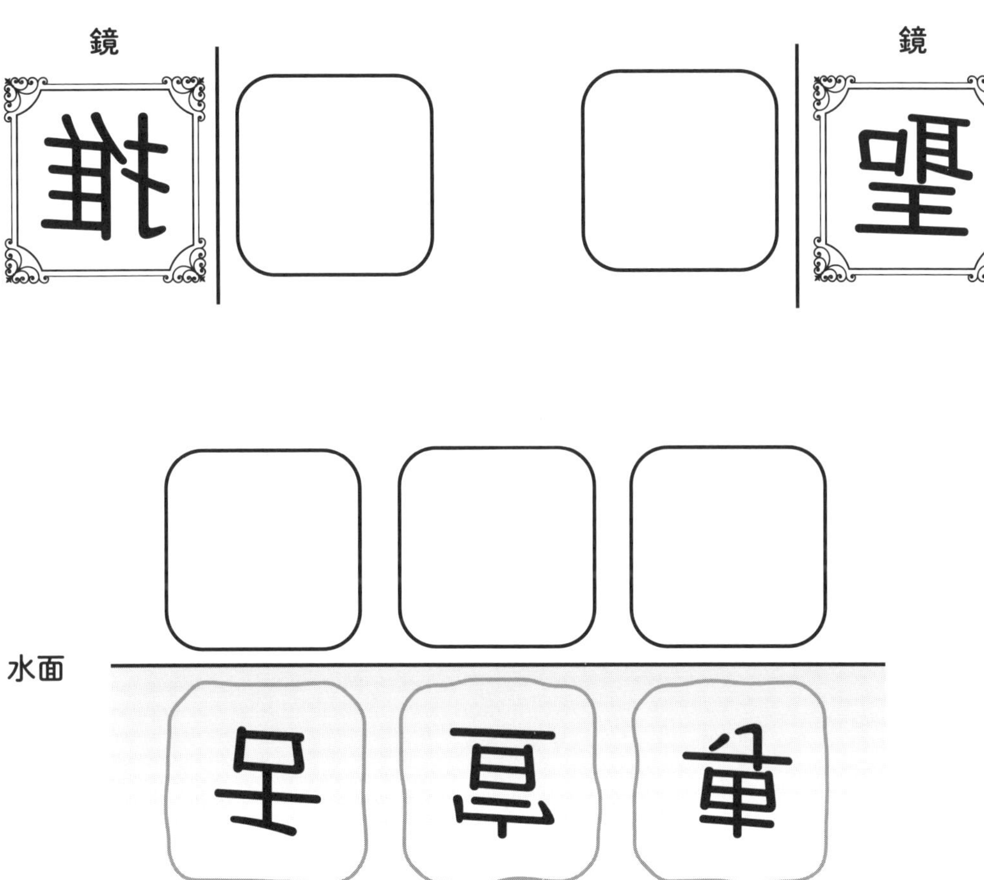

鏡・水面漢字 7

鏡や水面に写った漢字を、正しく書きましょう。

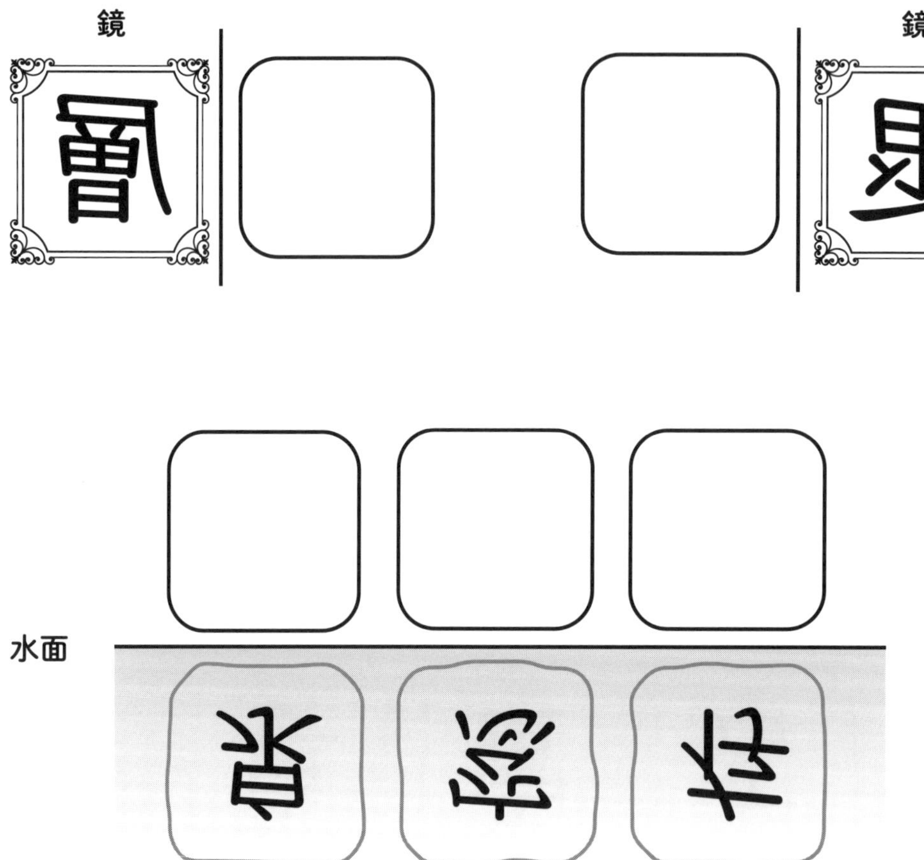

年　　組

鏡・水面漢字 8

鏡や水面に写った漢字を、正しく書きましょう。

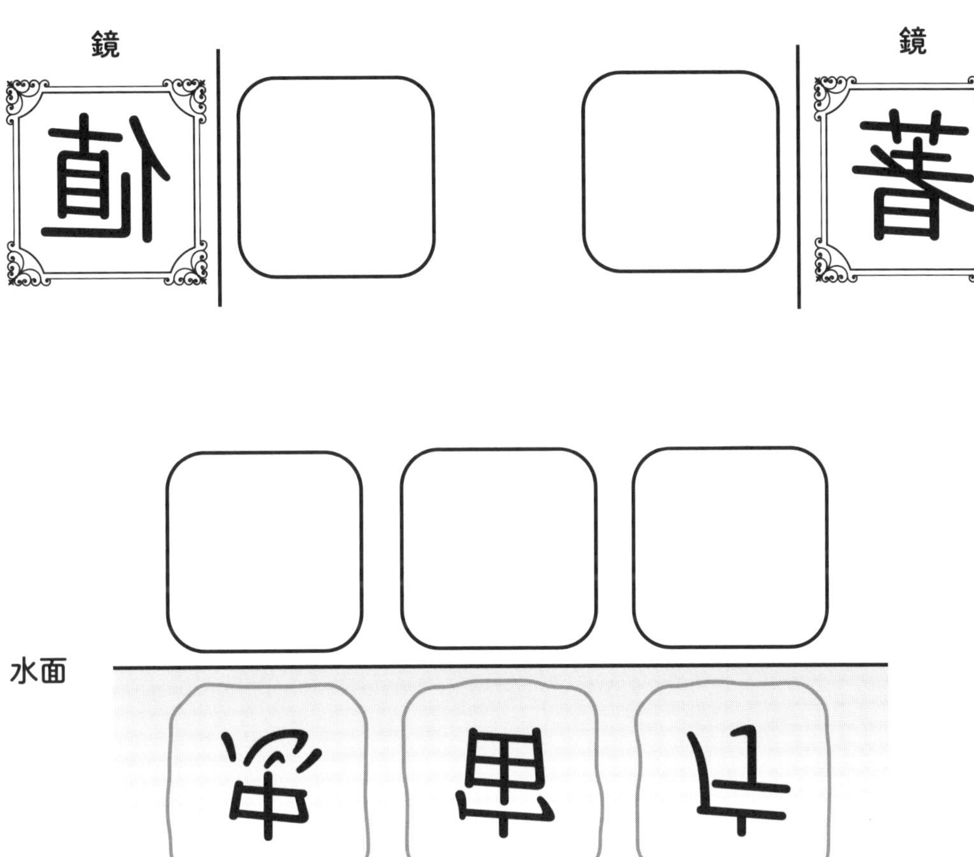

❹見つける

❹ 見つける

漢字さがし

●子どもにつけて欲しい力

不規則に並んだ点群の中からある特定の形を見つけることで形の輪郭を認識できる力を養います。

●進め方

上に示された漢字の輪郭をかたどった点配列を下の点群の中から探し、線で結びます。

●ポイント

・対象となる配列の個数が問題に書いてありますので、すべて見つかるまで探してもらいましょう。

・わかりにくければ最初の一つを線で結んで見本を見せてあげましょう。

●留意点

・ターゲットの漢字がほとんど見つけられず、この課題が難しいようであれば黒板を写したりすることも困難であることが推測されます。もっとやさしい課題から取り組ませましょう。(「やさしいコグトレ」(三輪書店) 形さがしなど)。

取り組み時間：5分　回数　8回分

例

漢字さがし 1

下の点の中に「⁘」が10こあります。見つけて「干」のように線で結びましょう。

年　　組

漢字さがし 1

下の点の中に「⁚⁚」が 10 個あります。見つけて「千」のように線で結びましょう。

年　　組

漢字さがし ②

下の点の中に「⁚⁚」が10個あります。見つけて「己」のように線で結びましょう。

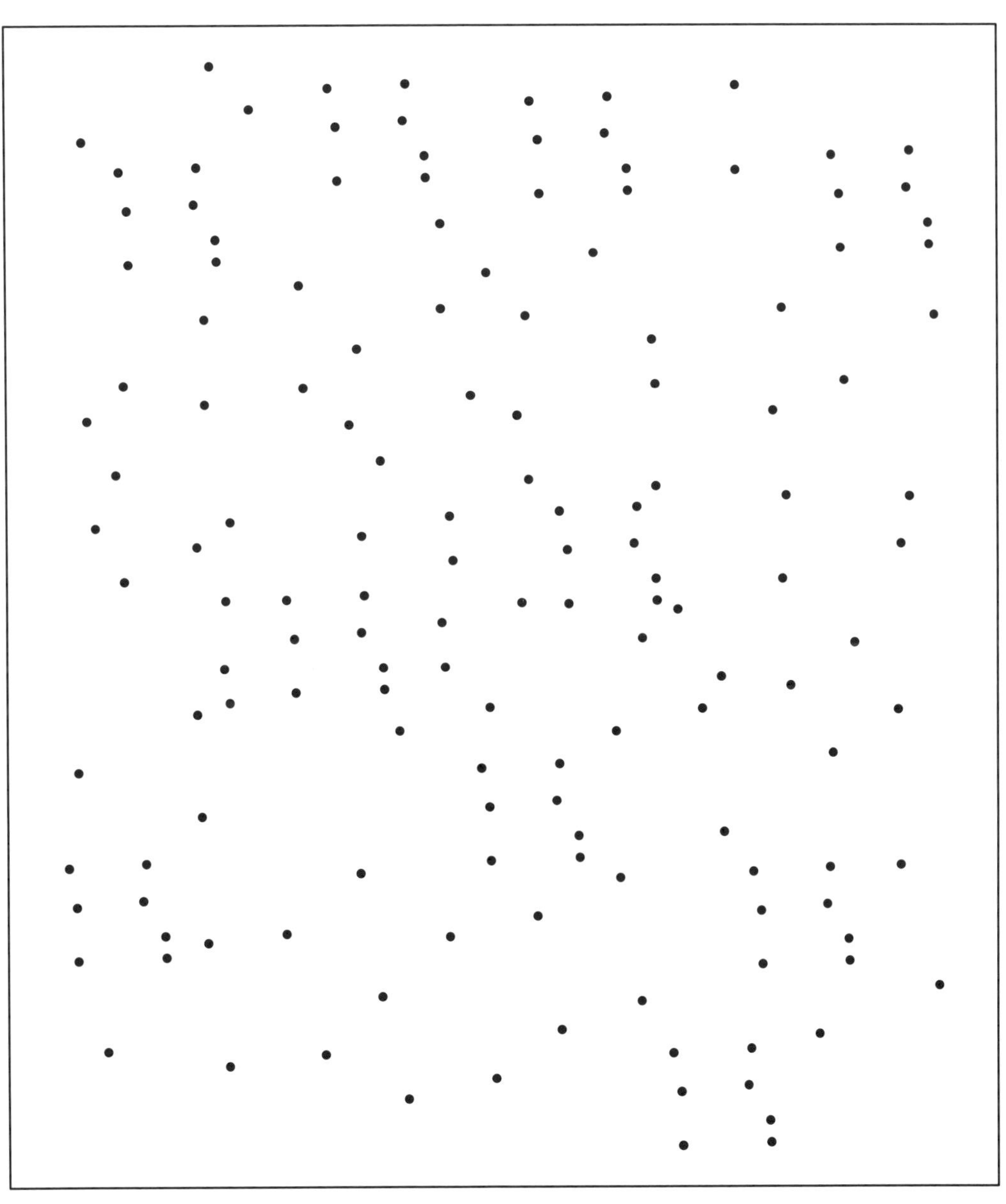

年　　　組

漢字さがし ③

下の点の中に「⁚⁚⁚」が 10 個あります。見つけて「冊」のように線で結びましょう。

年　　組

漢字さがし ❹

下の点の中に「∴」が10個あります。見つけて「仁」のように線で結びましょう。

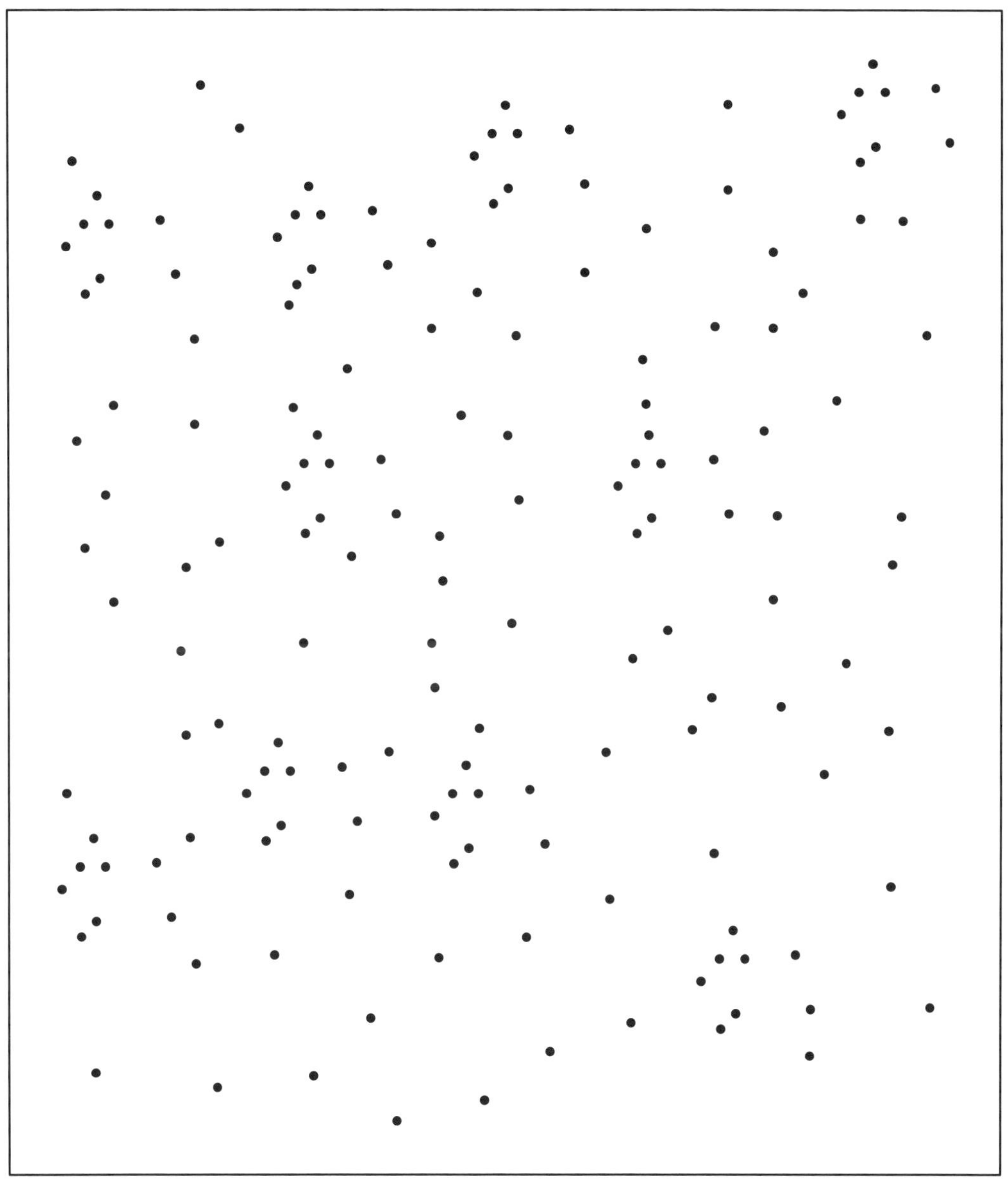

年　　組

漢字さがし ⑤

下の点の中に「⁚」が10個あります。見つけて「寸」のように線で結びましょう。

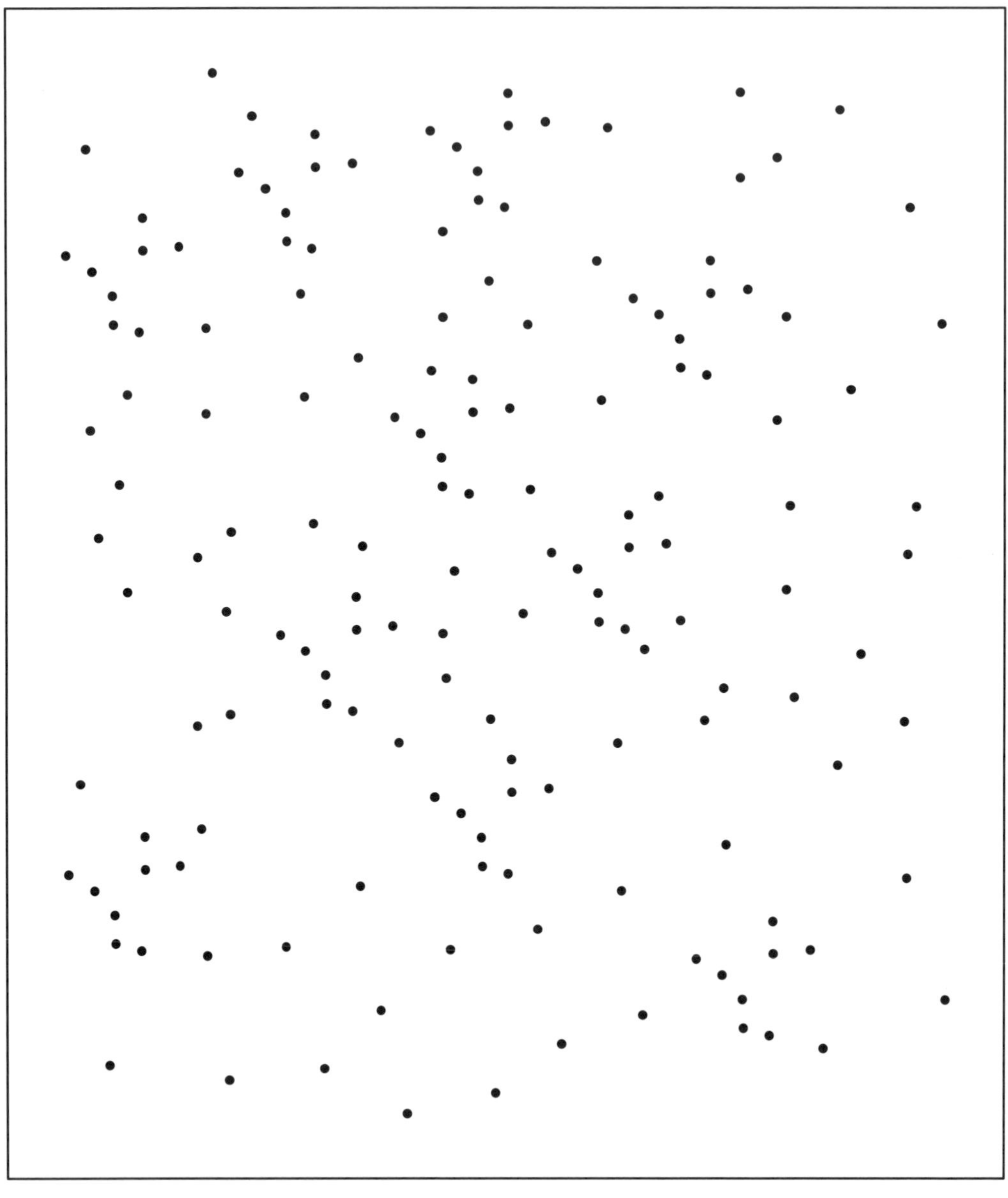

年　　組

漢字さがし ⑥

下の点の中に「⁘」が10個あります。見つけて「並」のように線で結びましょう。

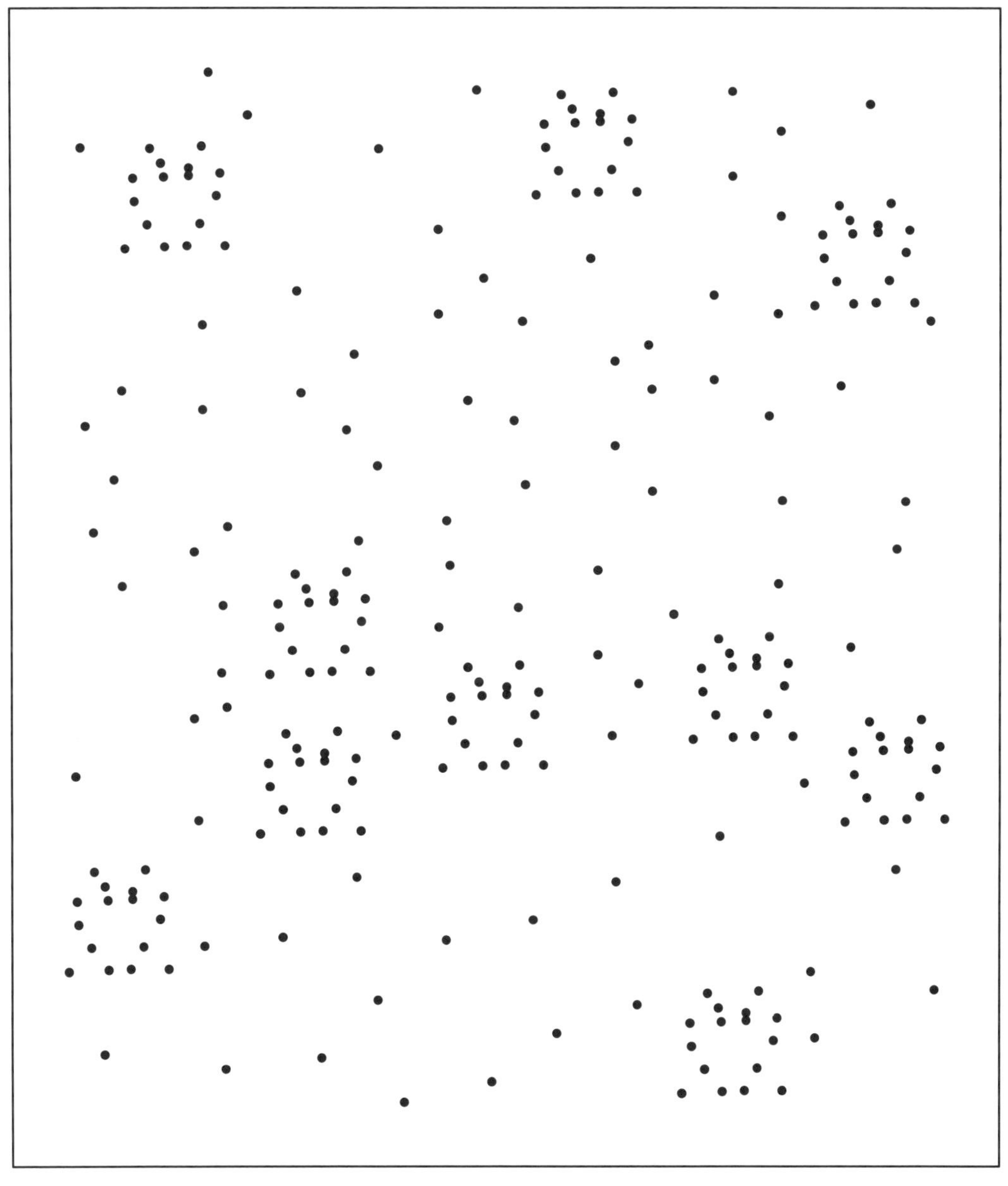

年　　組

漢字さがし 7

下の点の中に「∵:」が10個あります。見つけて「亡」のように線で結びましょう。

漢字さがし 8

下の点の中に「宇」が10個あります。見つけて「宇」のように線で結びましょう。

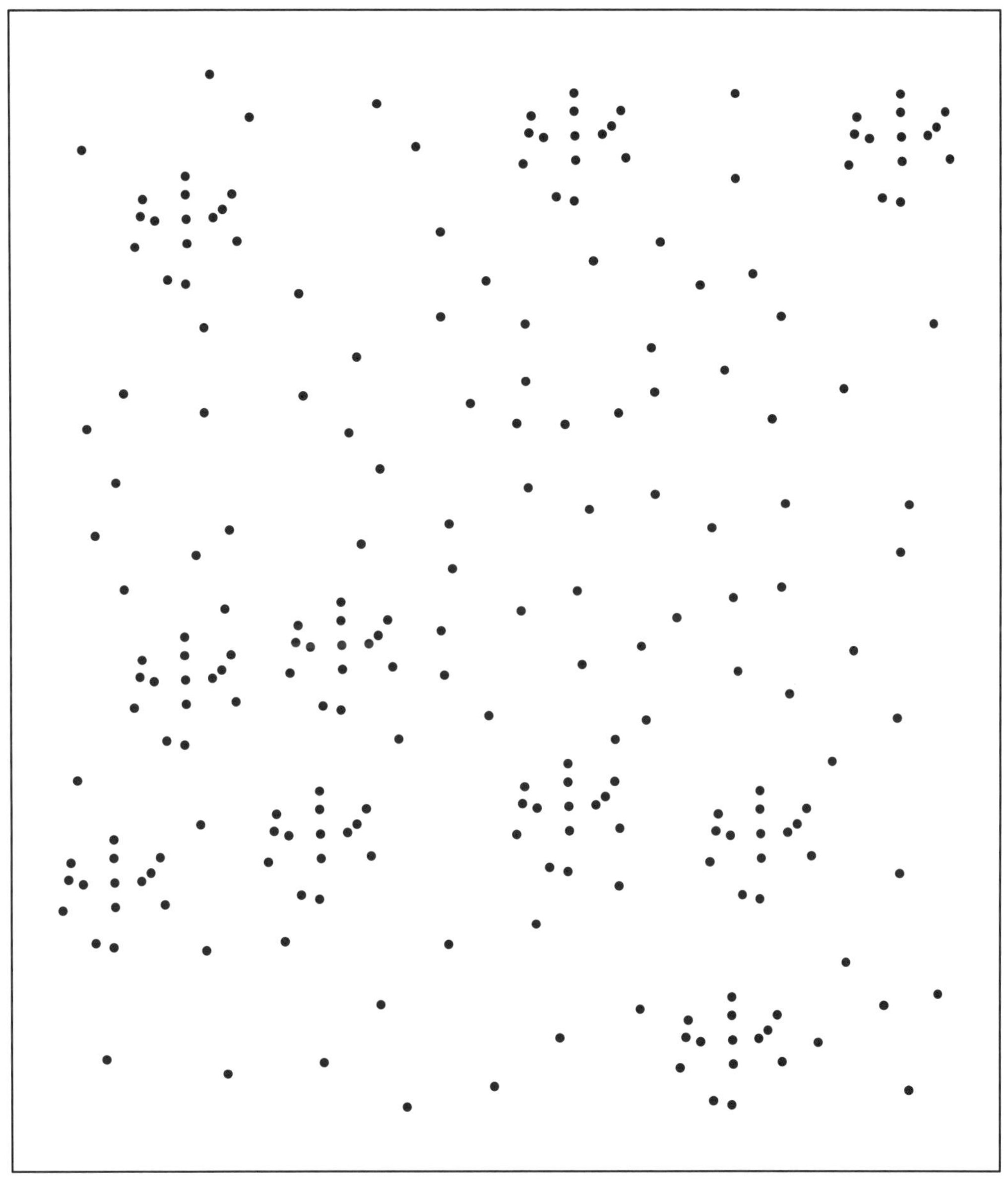

❹ 見つける

かさなり漢字

●子どもにつけて欲しい力

あるまとまった形の中から一部の形を抽出していくことで、形の構成を理解する力など図形思考を養います。

●進め方

左に提示された漢字を作るのに使われない部品を右の６つの中から一つ選び、○で囲みます。

●ポイント

・この問題に答えるには、右の部品が左の漢字のどこに隠れているかを探していく方法、右の部品をどのように組み立てて左の漢字を作っていくかを考える方法などがありますが、最初は、右の部品が左の漢字のどこに隠れているかを考えてもらいましょう。分かりにくければ左の漢字の中で対応する部品を一つずつ赤鉛筆でなぞってもらってもいいでしょう。

●留意点

・見つけ方は発達の度合いによって、①全体から部品を見つけていく、②部品から全体を作っていく、③全体を見てどうしてこの部品が必要なのか不要なのかを考える、といった順に高度になっていきます。子どもがどの発達段階なのかを知り、慣れてくればより高度な方法で見つけるよう促していきましょう。

・この課題が難しければ、もっとやさしい課題から取り組みましょう。(「やさしいコグトレ」(三輪書店) 形さがし、点つなぎなど)。

取り組み時間：5分　　回数　8回分

例

かさなり漢字 1

左の漢字を作るのに、右の中で1つだけ使わないものを選んだら⬭で囲みましょう。

遺

中　八　(日)
辶　目　一

厳

攵　⺌　丿
(十)　⺍　耳

かさなり漢字 1

左の漢字を作るのに、右の中で１つだけ使わないものを選んだら⬭で囲みましょう。

遺

中　八　日
⻌　目　一

厳

攵　𠂉　丿
十　䒑　耳

年　組

冖　士　几

禾　子　又

賃

八　目　千

亻　一　又

脳

月　メ　ノ

木　凵　〃

かさなり漢字 ❷

左の漢字を作るのに、右の中で１つだけ使わないものを選んだら◯で囲みましょう。

陛

阝　二　ヒ
｜　ヒ　亻

盟

一　日　冂
月　丷　目

年　組

臣　口　一

ノ　二　口口

論

、　口　亼

言　冊　二

簡

目　𥫗　耳

月　𥫗　門

かさなり漢字 3

左の漢字を作るのに、右の中で１つだけ使わないものを選んだら⬭で囲みましょう。

敬

ノ　艹　攵
又　勹　口

憲

罒　宀　千
一　≠　心

年　　組

一　ㄣ　言

八　口　匕

口　心　言

士　八　い

磁

い　日　幺

石　幺　一

かさなり漢字 4

左の漢字を作るのに、右の中で１つだけ使わないものを選んだら◯で囲みましょう。

樹

木　口　寸
⺌　土　ヒ

衆

ノ　血　土
く　ノ　イ

年　　組

縮

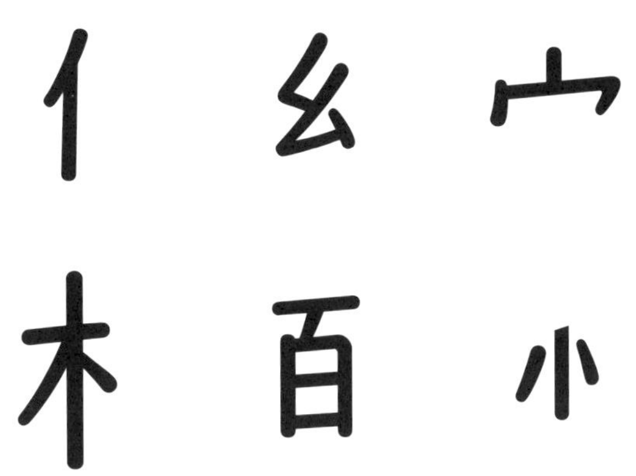

署

かさなり漢字 5

左の漢字を作るのに、右の中で１つだけ使わないものを選んだら◯で囲みましょう。

腸

一　中　〃
勹　月　日

割

圭　口　丨
亅　立　宀

年　　組

難

三　女　亻

夫　口　廾

認

刀　口　心

言　丶　日

模

夫　一　口

木　廾　大

かさなり漢字 6

左の漢字を作るのに、右の中で１つだけ使わないものを選んだら⬭で囲みましょう。

預

マ　了　自
一　八　メ

裏

亠　十　口
衣　十　八

年　　組

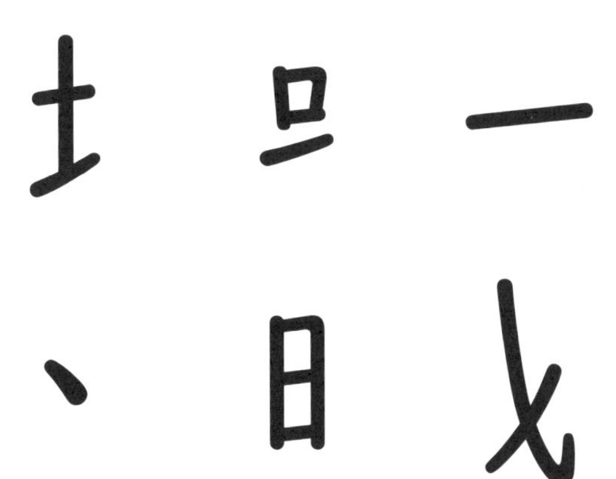

矢　ヒ　一

マ　疋　幺

勤

圭　口　宀

丨　卄　力

かさなり漢字 7

左の漢字を作るのに、右の中で１つだけ使わないものを選んだら⬭で囲みましょう。

絹

丨　幺　ハ

月　ぃ　口

権

木　ノ　𠂉

土　广　キ

年　　組

ソ　彳　疋

小　幺　木

暮

日　宀　一

艹　日　八

優

冖　夂　心

亻　百　又

かさなり漢字 8

左の漢字を作るのに、右の中で１つだけ使わないものを選んだら◯で囲みましょう。

律

ノ　亻　十

コ　＝　ノ一

胸

月　メ　ノ

ム　勹　凵

年　　組

劇

策

捨

❹ 見つける

違いはどこ？

●子どもにつけて欲しい力

2 枚の絵の違いを考えることで、視覚情報の共通点や相違点を把握する力や観察力を養います。

●進め方

上下の絵で違うところを 3 つ見つけ、○で囲みます。

●ポイント

・違いは漢字だけではありませんが、まずは上下で漢字が同じかを確認してもらいましょう。
・形の違いだけでなく位置関係の違いなどにも注意してもらいましょう。

●留意点

・この課題が難しければ、次の「同じ絵はどれ？」はより難しくなりますので、この課題が確実にできるまで練習しましょう。
・時間内にできない子どもがいても終わりの会までに見つけるなど、能力に応じて答えを伝えるよう配慮してあげましょう。

取り組み時間：5分　　回数　4回分

例

ちがいはどこ？ 1

上と下の絵で、ちがう所が3つあります。ちがいは漢字だけではありません。ちがう場所を見つけたら、○で囲みましょう。

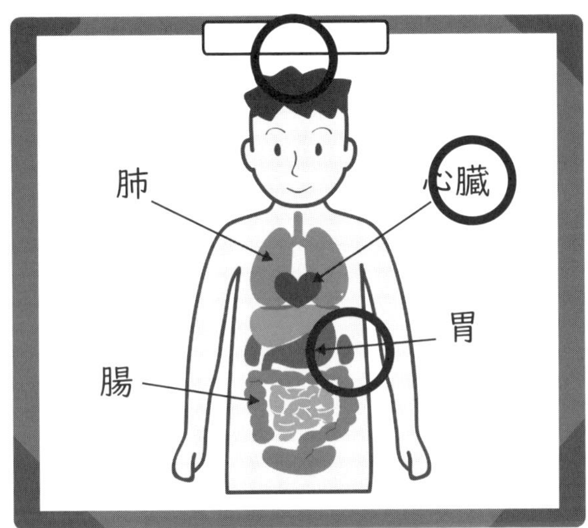

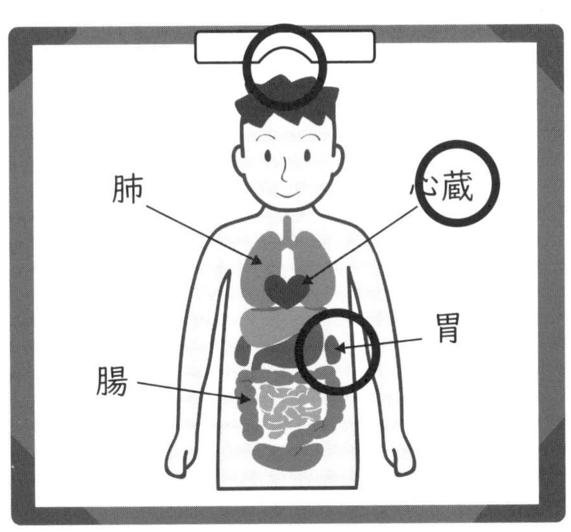

年　　組

ちがいはどこ？ 1

上と下の絵で、ちがう所が３つあります。ちがいは漢字だけではありません。ちがう場所を見つけたら、○で囲みましょう。

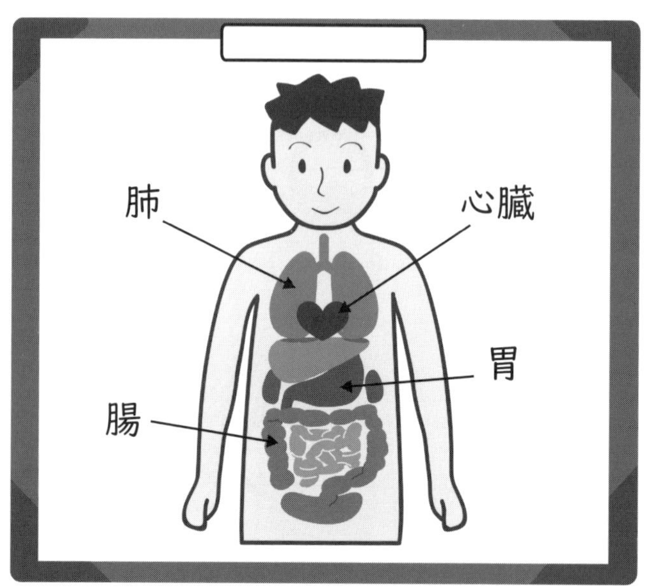

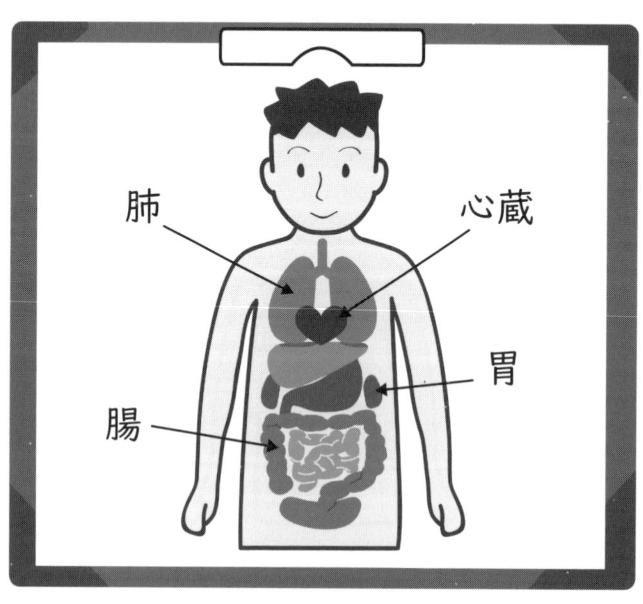

年　　組

ちがいはどこ？ 2

上と下の絵で、ちがう所が３つあります。ちがいは漢字だけではありません。ちがう場所を見つけたら、○で囲みましょう。

年　　組

ちがいはどこ？ 3

上と下の絵で、ちがう所が３つあります。ちがいは漢字だけではありません。ちがう場所を見つけたら、○で囲みましょう。

年　　組

ちがいはどこ？ 4

上と下の絵で、ちがう所が３つあります。ちがいは漢字だけではありません。ちがう場所を見つけたら、○で囲みましょう。

❹ 見つける

同じ絵はどれ？

●子どもにつけて欲しい力

複数の絵の中から２枚の同じ絵を見つけ出すことで、視覚情報の共通点や相違点を把握する力や観察力を養います。

●進め方

複数の絵の中にまったく同じ絵が２枚あります。その２枚を見つけ、（　　　）に番号を書いてもらいます。

●ポイント

・違いは漢字だけではないので絵全体を見てみましょう。
・ある２枚の絵を比べ、その中で一つの違いを見つけると、少なくともどちらかの絵が間違っていることになります。さらに、それぞれの２枚が他の絵と違いはないかという具合に順に比べていくといいでしょう。
・他の絵との違いを○で囲んでいくと、候補を減らすことができ、より容易になります。
・明らかに違う絵（例えば右の例では、⑦の「午」の漢字）を見つけ、○をつけて、見つける対象となる絵をいかに減らしていくかが大切です。

●留意点

・最初から２枚をやみくもに見つけようとすると、混乱して時間もかかります。効率よく探すにはどうすればいいか、方略を考えさせるといいでしょう。
・時間内にできない子どもがいても終わりの会までに見つけるなど、能力に応じて答えを伝えるよう配慮してあげましょう。

例

同じ絵はどれ？ 1

下の8枚(まい)の絵の中から、同じ絵を2枚(まい)選びましょう。ちがいは漢字だけではありません。

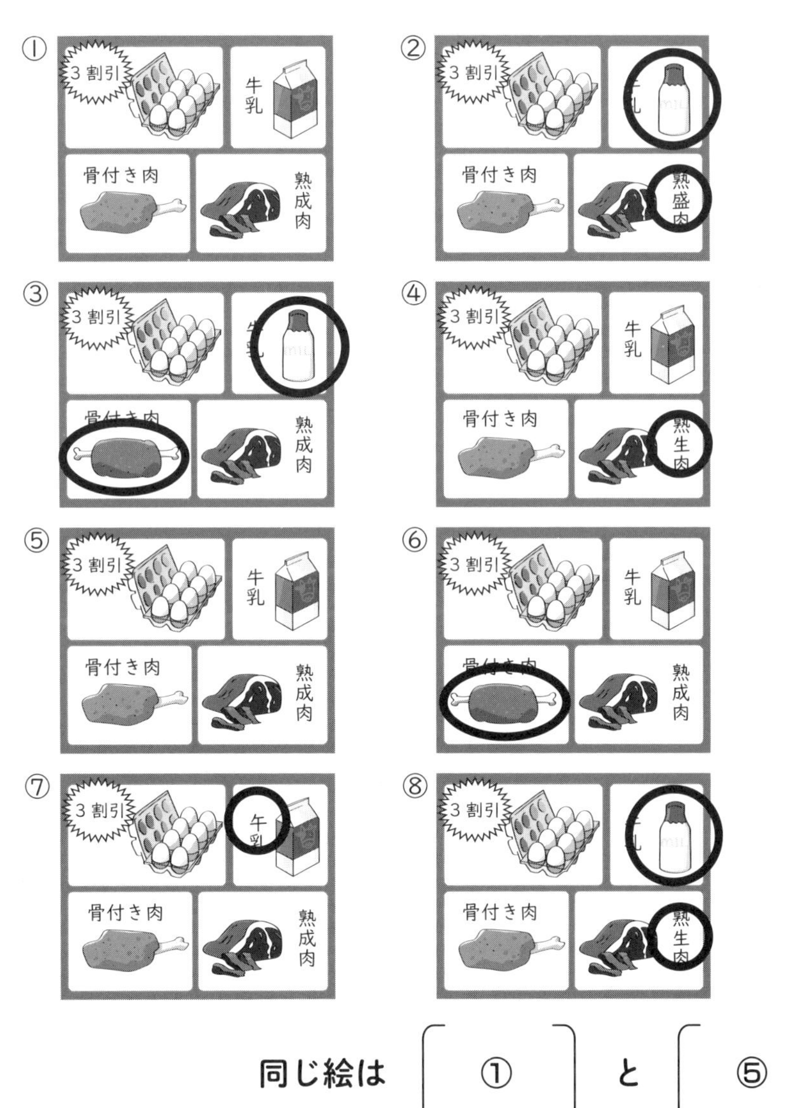

年　　組

同じ絵はどれ？ ❶

下の8枚（まい）の絵の中から、同じ絵を2枚（まい）選びましょう。ちがいは漢字だけではありません。

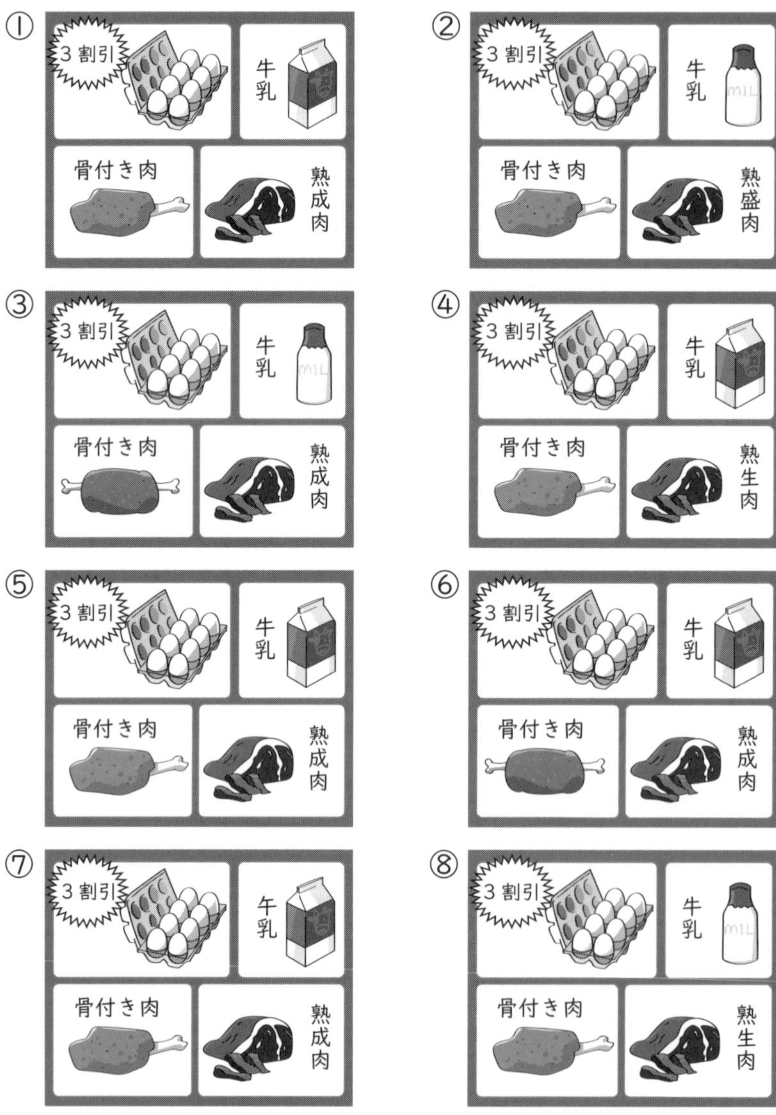

同じ絵は［　　　　］と［　　　　］

年　　組

同じ絵はどれ？ 2

下の 8 枚の絵の中から、同じ絵を 2 枚選びましょう。ちがいは漢字だけではありません。

①

危験！　異なる種類の製品を混ぜてください

②
危除！　異なる種類の製品を混ぜないでください

③
危険！　異なる種類の製品を混ぜないでください

④
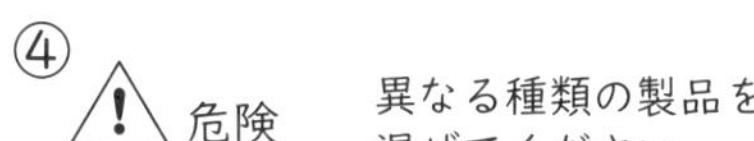
危険　異なる種類の製品を混ぜてください

⑤
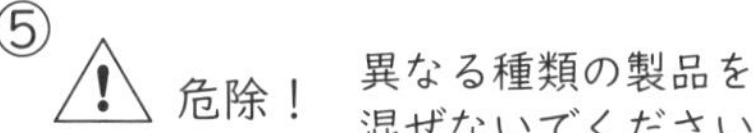
危除！　異なる種類の製品を混ぜないでください

⑥
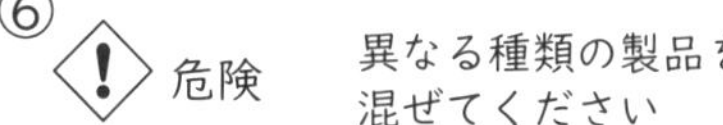
危険　異なる種類の製品を混ぜてください

⑦
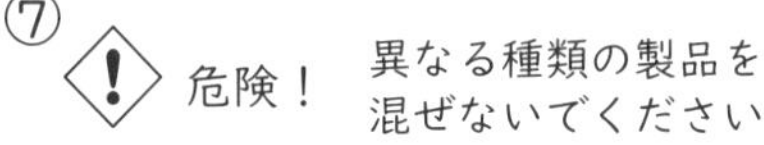
危険！　異なる種類の製品を混ぜないでください
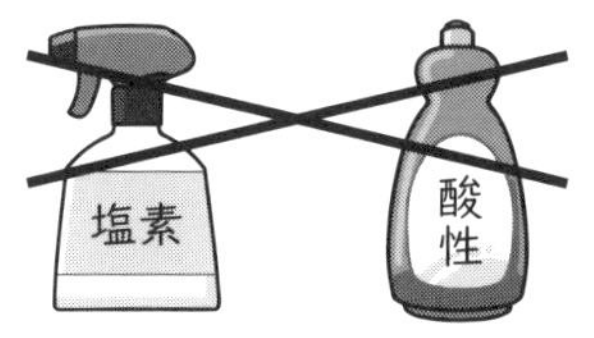

⑧
危険！　異なる種類の製品を混ぜないでください
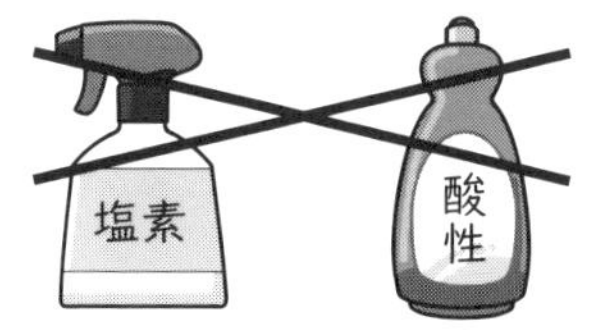

同じ絵は［　　　］と［　　　］

年　　組

同じ絵はどれ？ 3

下の 8 枚の絵の中から、同じ絵を 2 枚選びましょう。ちがいは漢字だけではありません。

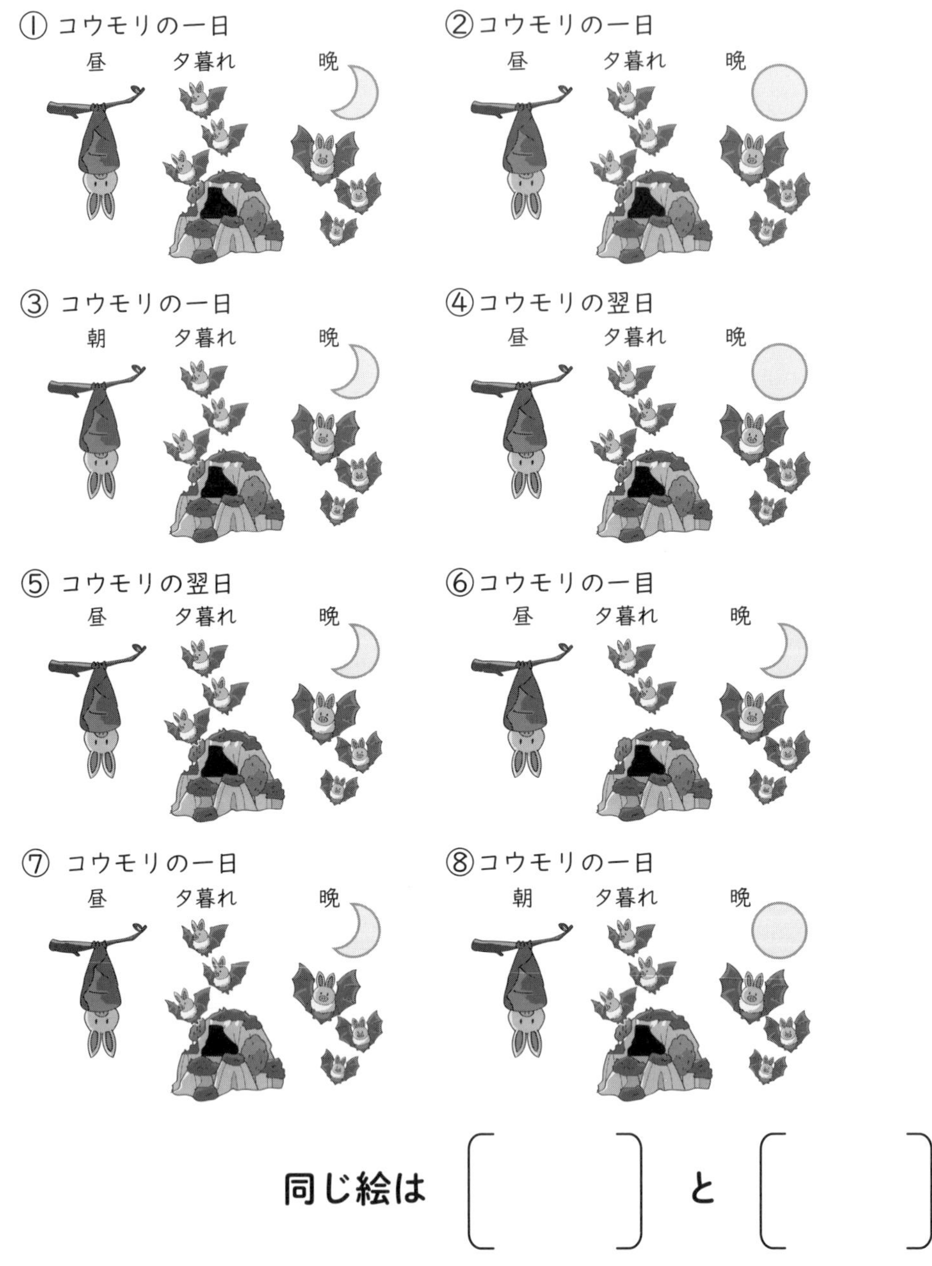

同じ絵は［　　　］**と**［　　　］

同じ絵はどれ？ ❹

下の 8 枚の絵の中から、同じ絵を 2 枚選びましょう。ちがいは漢字だけではありません。

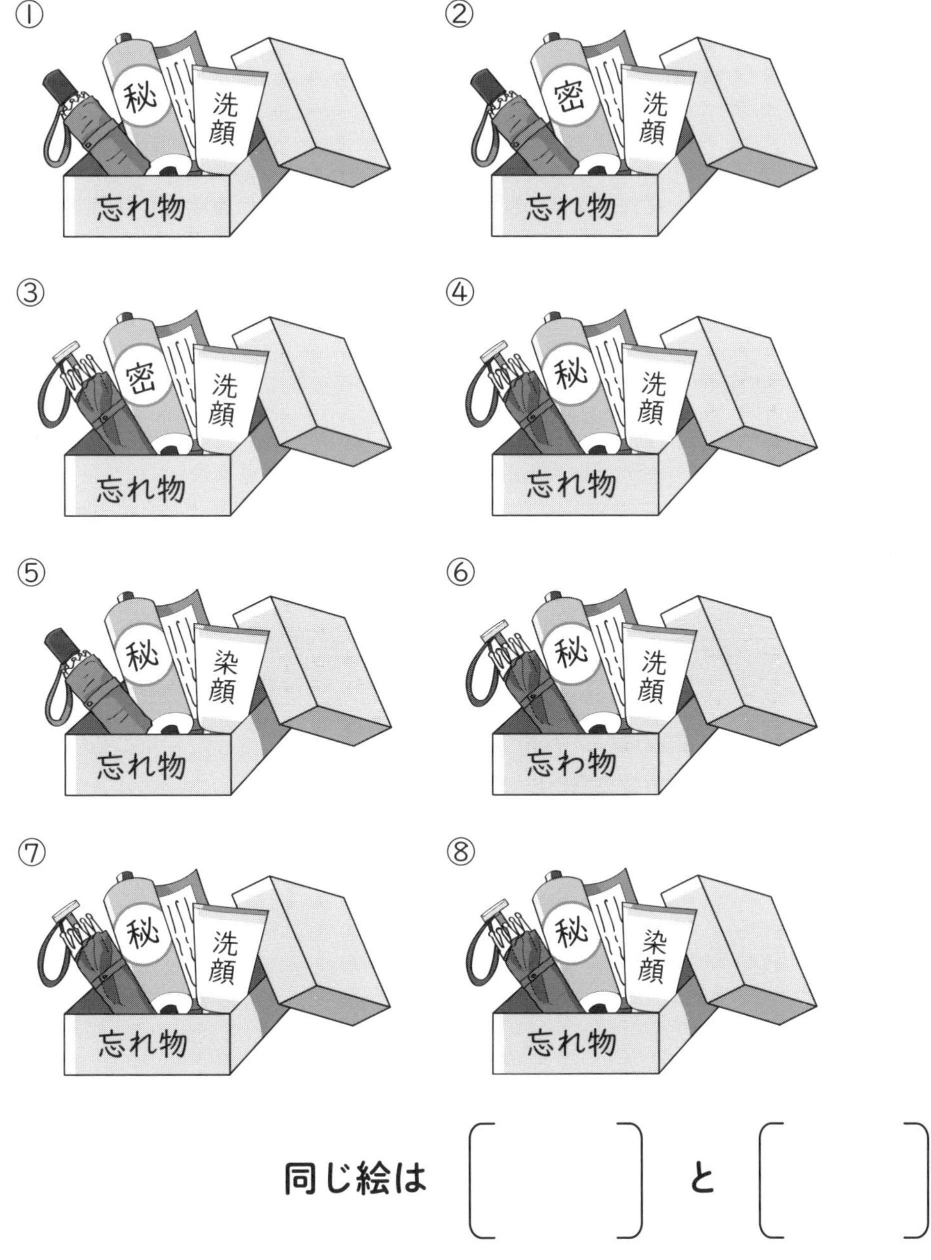

同じ絵は［　　　］と［　　　］

❹ 見つける

回転漢字

●子どもにつけて欲しい力

形を心の中で回転させ、正しい組み合わせを見つけていくことで図形の方向弁別や方向の類同視の力を養っていきます。

●進め方

左右にバラバラに並べられた漢字の部品を線でつないで正しい漢字を作り、下の枠の中に書きます。

●ポイント

・先にやさしい組み合わせを見つけて、使ったものに×をつけて消していくと組み合わせが減りますのでより簡単に見つけやすくなります。（1 組見つけると残りの組み合わせは 24 通り、2 組見つけると残りの組み合わせは 6 通りになります）

●留意点

・この課題が難しく感じるようであれば支援者が部品だけ正しい方向に回転させて横に書いてあげ正しい組み合わせを選んでもらってもいいでしょう。

・漢字を習っていない場合は、最初から枠の中に正しい漢字を書いておき、それらの漢字を作るための正しい組み合わせを選んで線でつなぐところから始めてもいいでしょう。

・それでも難しければもっとやさしい課題から取り組ませましょう。（「コグトレ　みる・きく・想像するための認知機能強化トレーニング」回転パズル①（三輪書店）など）。

取り組み時間：5分　　回数　8回分

例

回転漢字 ❶

左右をつなげると、１つの漢字ができあがります。線で結んだら、できた漢字を下に書きましょう。

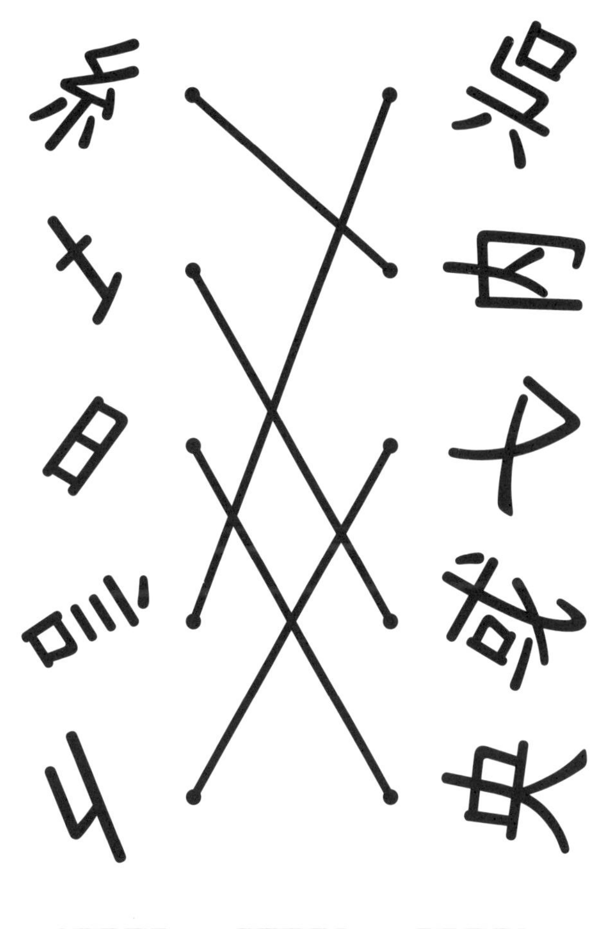

納	域	映	誤	収

年　　組

回転漢字 1

左右をつなげると、1つの漢字ができあがります。線で結んだら、できた漢字を下に書きましょう。

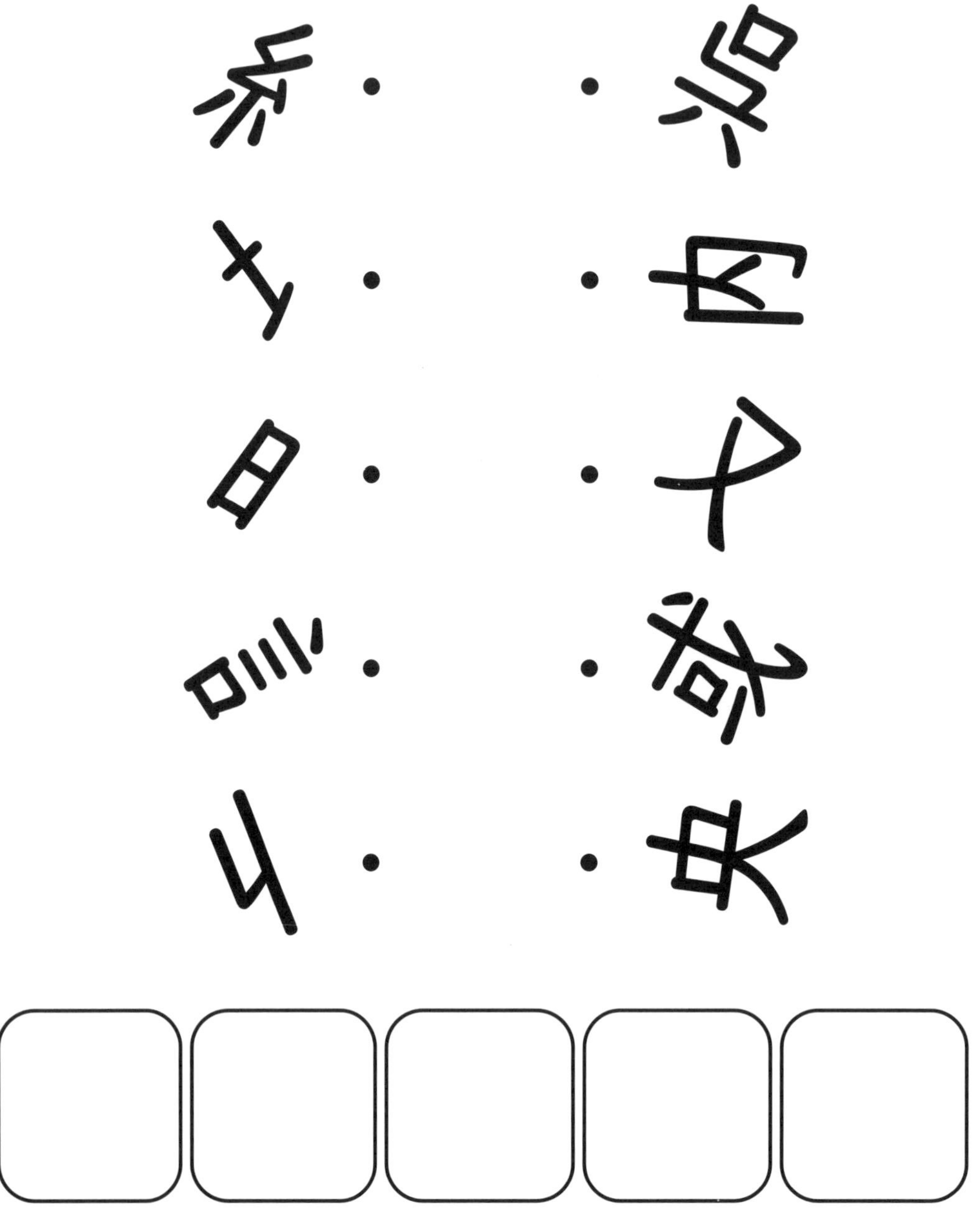

年　　組

回転漢字 2

左右をつなげると、１つの漢字ができあがります。線で結んだら、できた漢字を下に書きましょう。

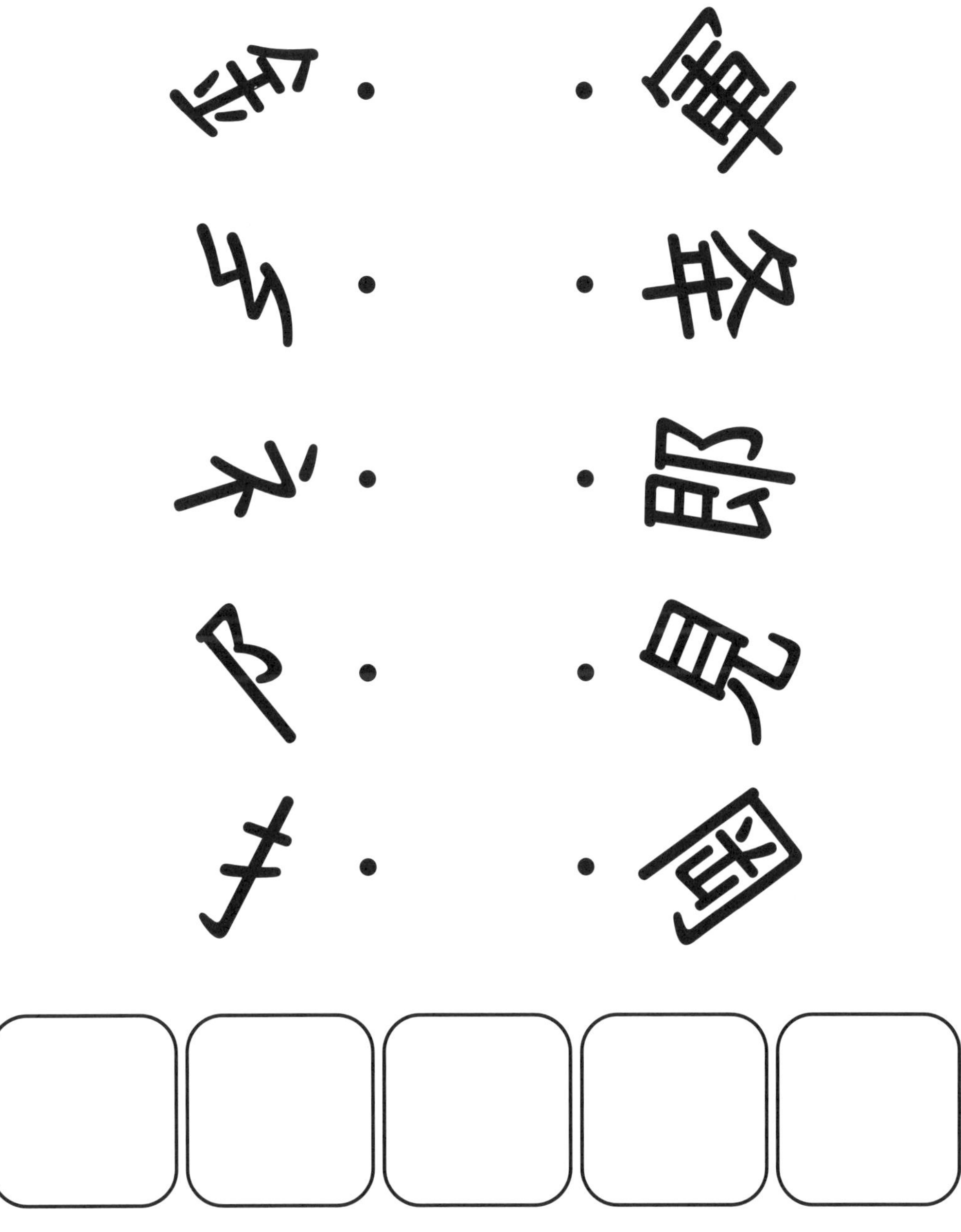

年　　組

回転漢字 3

左右をつなげると、１つの漢字ができあがります。線で結んだら、できた漢字を下に書きましょう。

年　　組

回転漢字 4

左右をつなげると、１つの漢字ができあがります。線で結んだら、できた漢字を下に書きましょう。

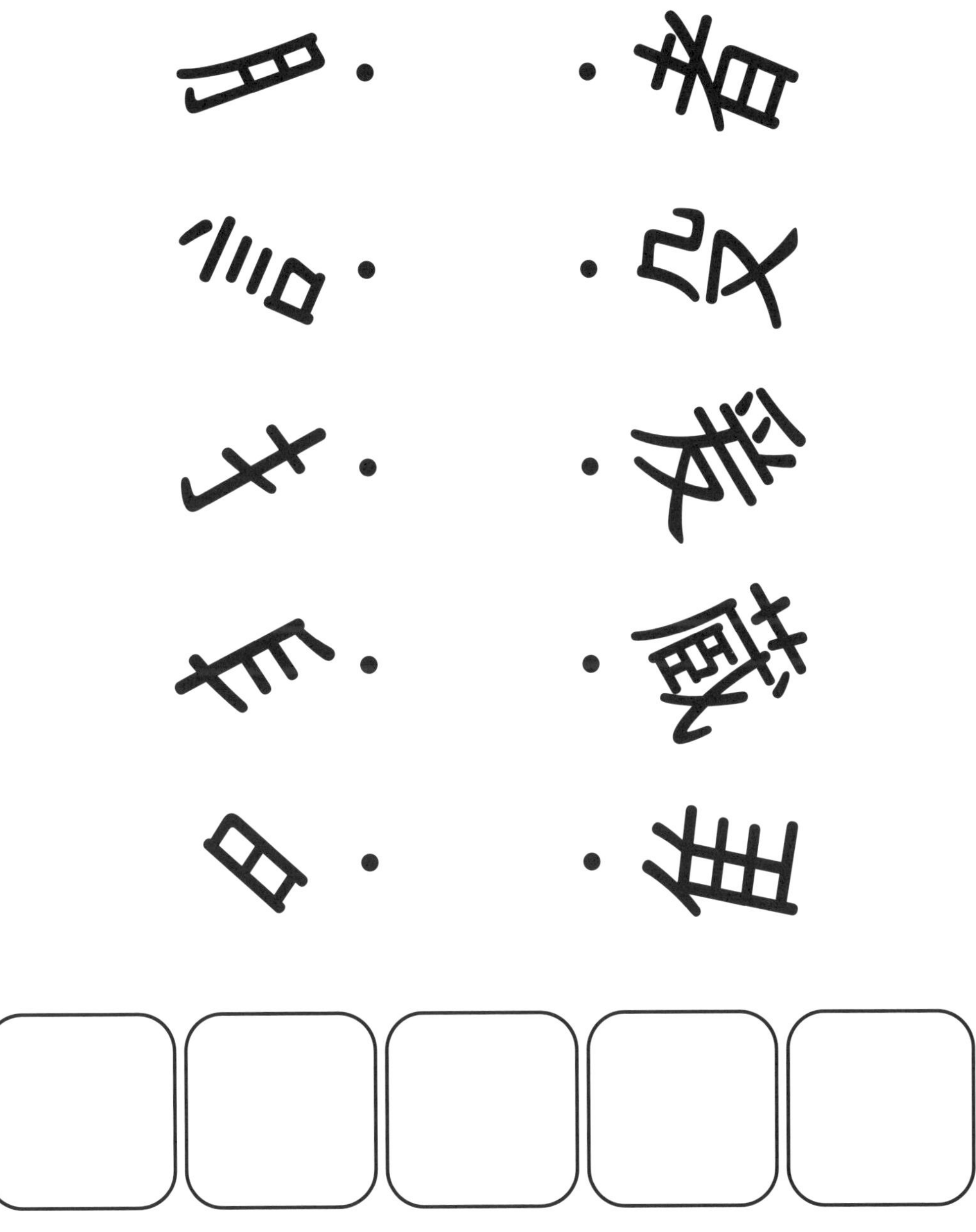

年　　組

回転漢字 5

左右をつなげると、１つの漢字ができあがります。線で結んだら、できた漢字を下に書きましょう。

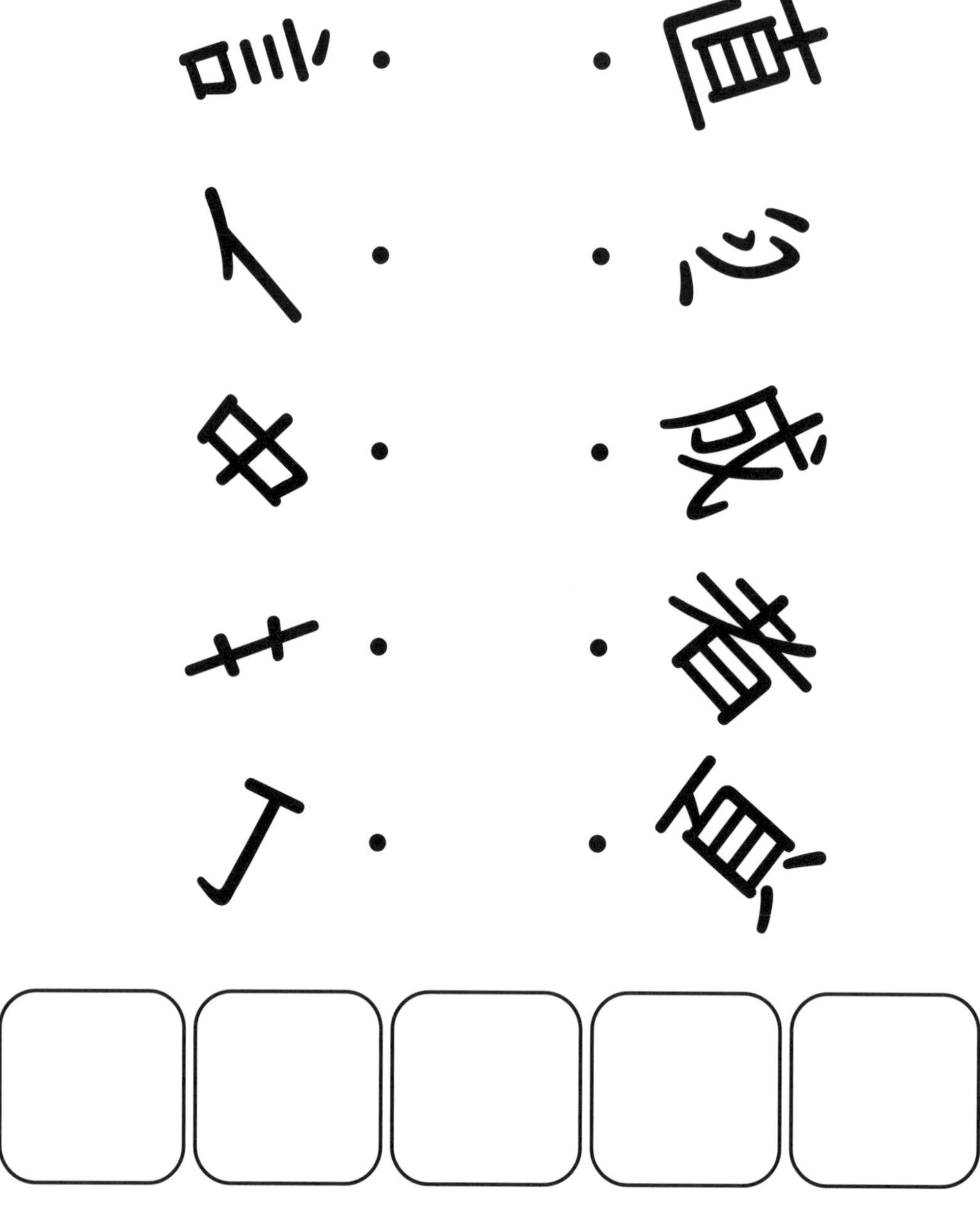

回転漢字 6

左右をつなげると、１つの漢字ができあがります。線で結んだら、できた漢字を下に書きましょう。

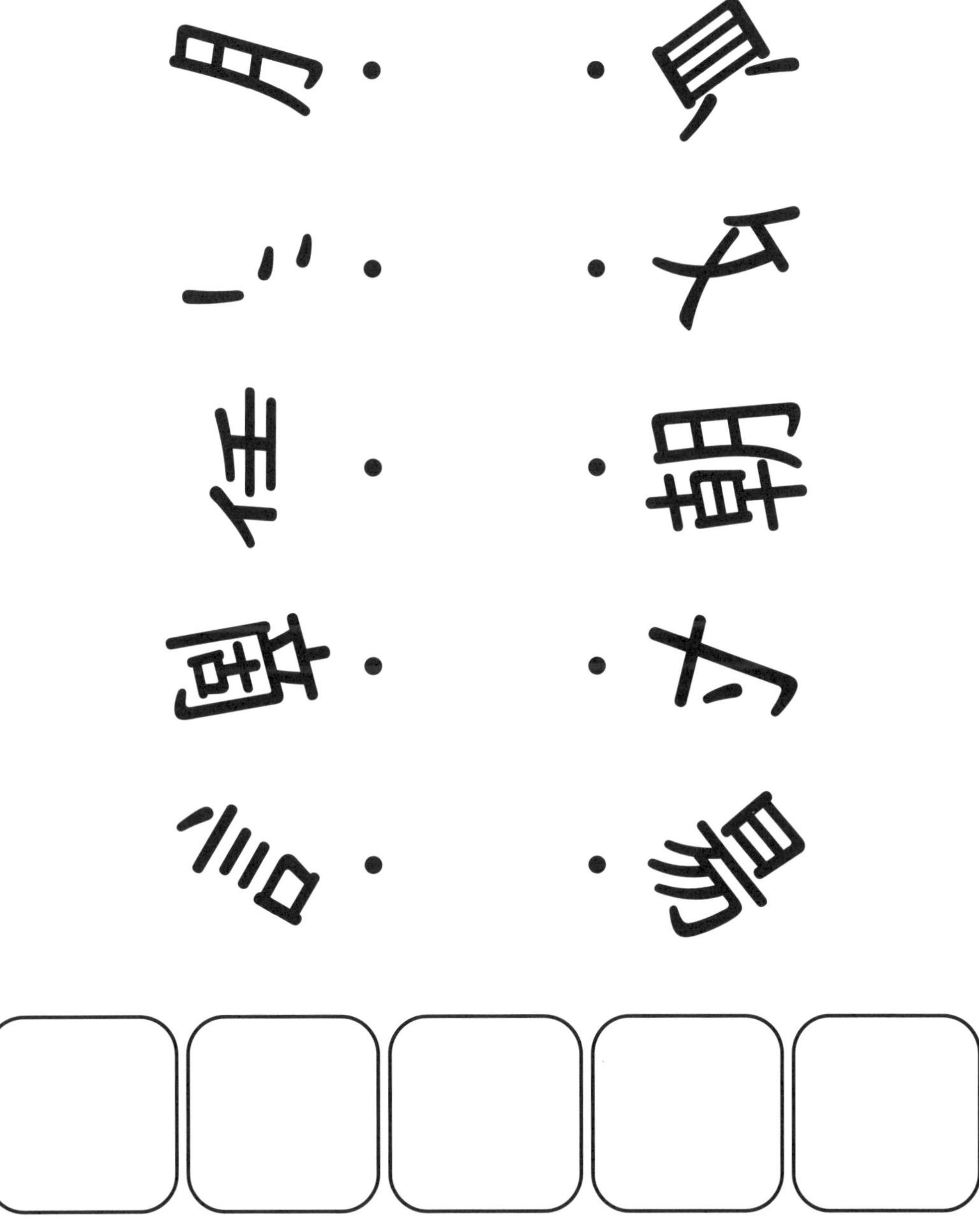

年　　組

回転漢字 7

左右をつなげると、１つの漢字ができあがります。線で結んだら、できた漢字を下に書きましょう。

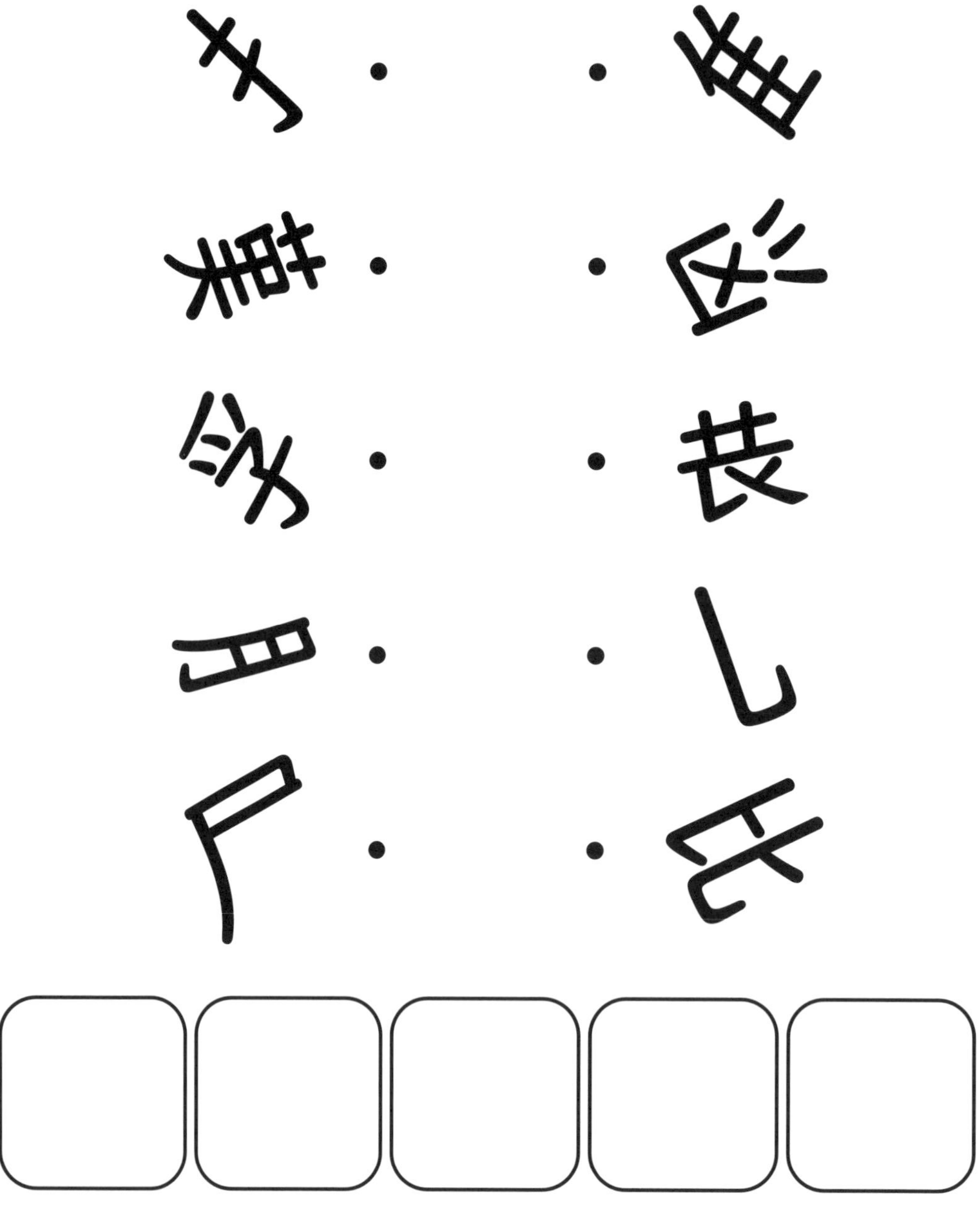

年　　組

回転漢字 8

左右をつなげると、1つの漢字ができあがります。線で結んだら、できた漢字を下に書きましょう。

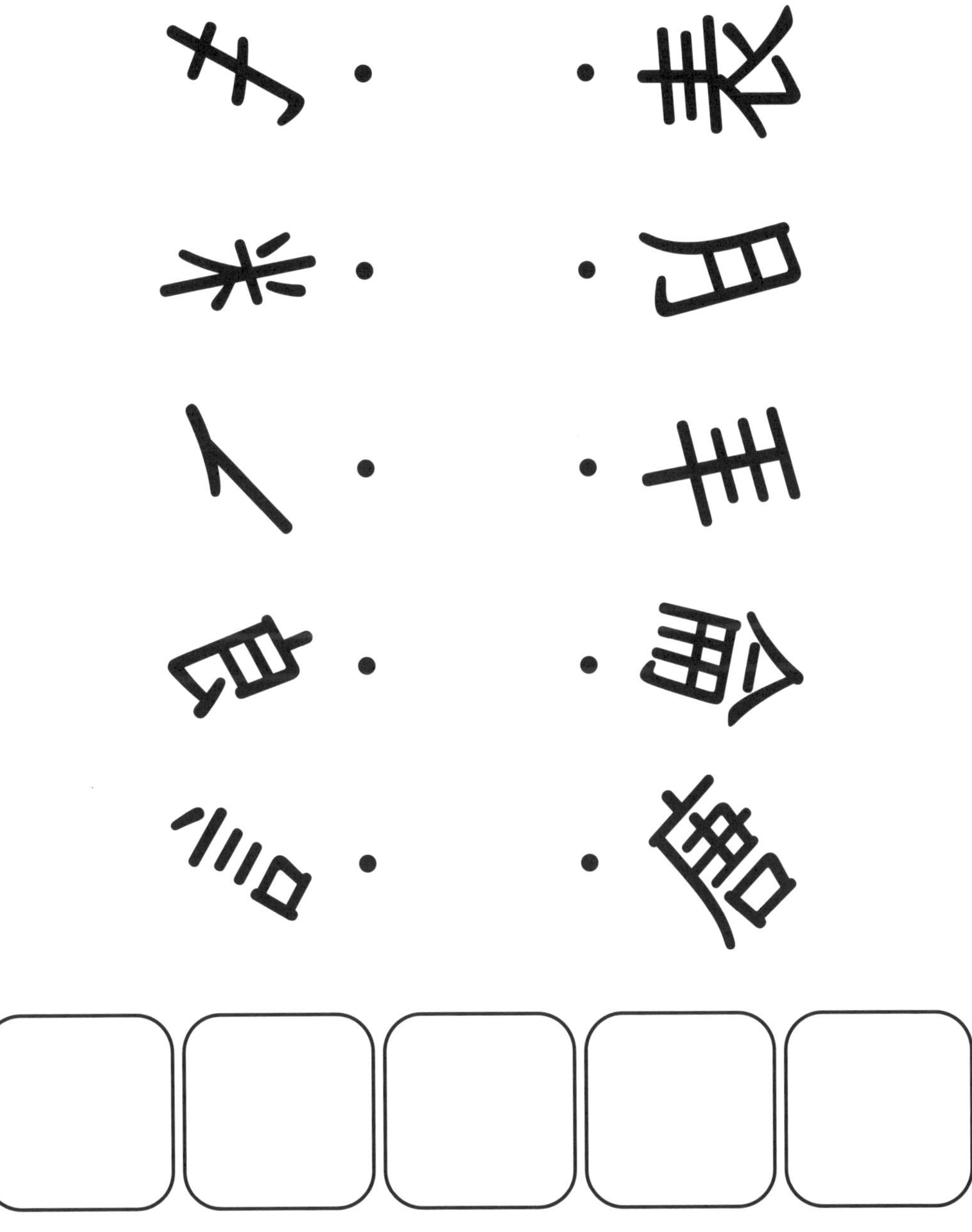

❺ 想像する

❺ 想像する

スタンプ漢字

●子どもにつけて欲しい力

スタンプを押すとどうなるかを考えることで鏡像をイメージする力や論理性を養います。

●進め方

上のスタンプを押すと、下のうちどれになるかを想像して（　　）に正しい番号を書きます。

●ポイント

・スタンプは元の図の鏡像になりますので、分からなければ上のスタンプの横に実際に鏡を置いて確認させましょう。

・下の選択肢の中から明らかに違うと思われる漢字に×をつけて消していくと考えやすくなります。

●留意点

・スタンプから直接、何の漢字かが分かれば鏡像をイメージしなくても正しい答えを選べますが、複雑になってくると難しくなりますのでできるだけ形から考えるよう促しましょう。

・まだスタンプの漢字を習っていなければ難しく感じるかもしれません。もしこの課題が難しようであれば、もっとやさしい課題から取り組ませましょう。（「やさしいコグトレ」（三輪書店）スタンプなど）。

取り組み時間：5分　　回数　8回分

例

スタンプ漢字 1

上のスタンプを紙におすと出てくる漢字はどれか、選んで（　　）に番号を書きましょう。

（ 5 ）

（ 4 ）

（ 1 ）

① 机　② 共　③

④ 供　⑤ 株　⑥

⑦ 札　⑧ 枚　⑨

年　　組

スタンプ漢字 1

上のスタンプを紙におすと出てくる漢字はどれか、選んで（　　）に番号を書きましょう。

（　　　）

（　　　）

（　　　）

① 机	② 共	③ 供
④ 供	⑤ 株	⑥ 机
⑦ 札	⑧ 枚	⑨ 株

年　　組

スタンプ漢字 ②

上のスタンプを紙におすと出てくる漢字はどれか、選んで（　　）に番号を書きましょう。

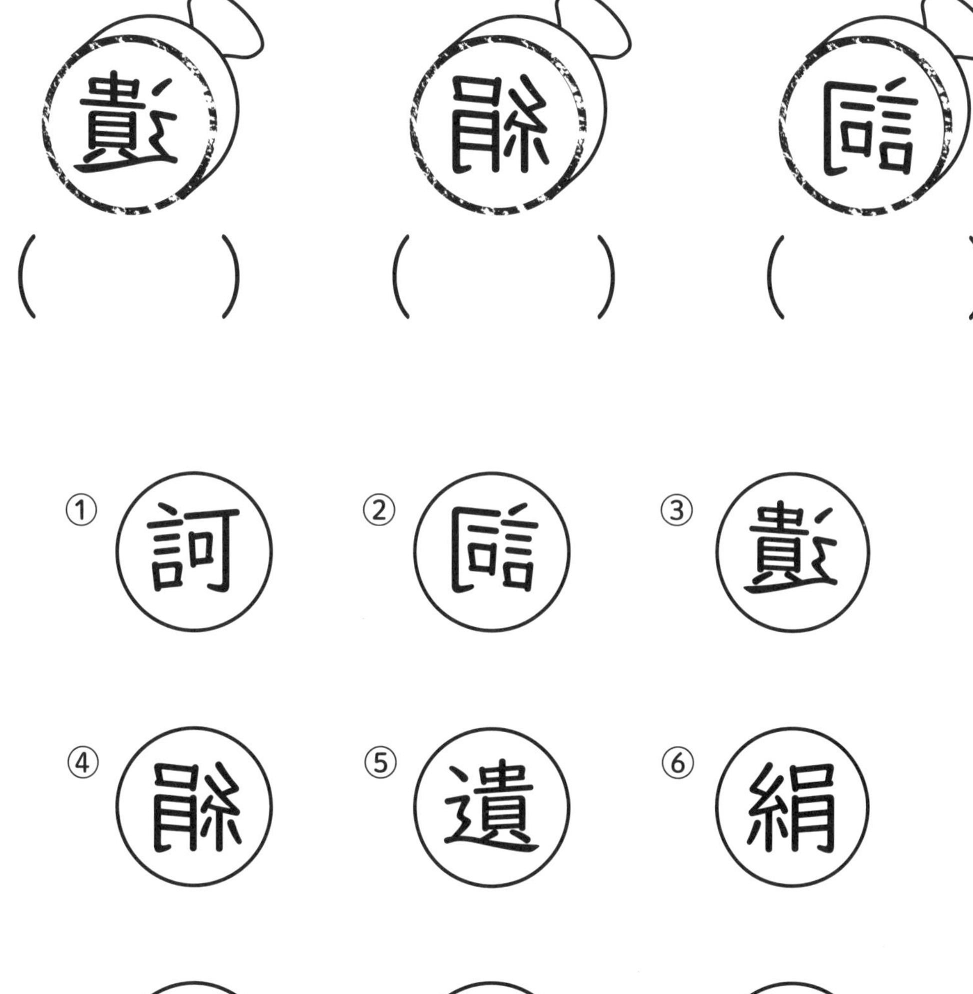

年　　組

スタンプ漢字 3

上のスタンプを紙におすと出てくる漢字はどれか、選んで（　　）に番号を書きましょう。

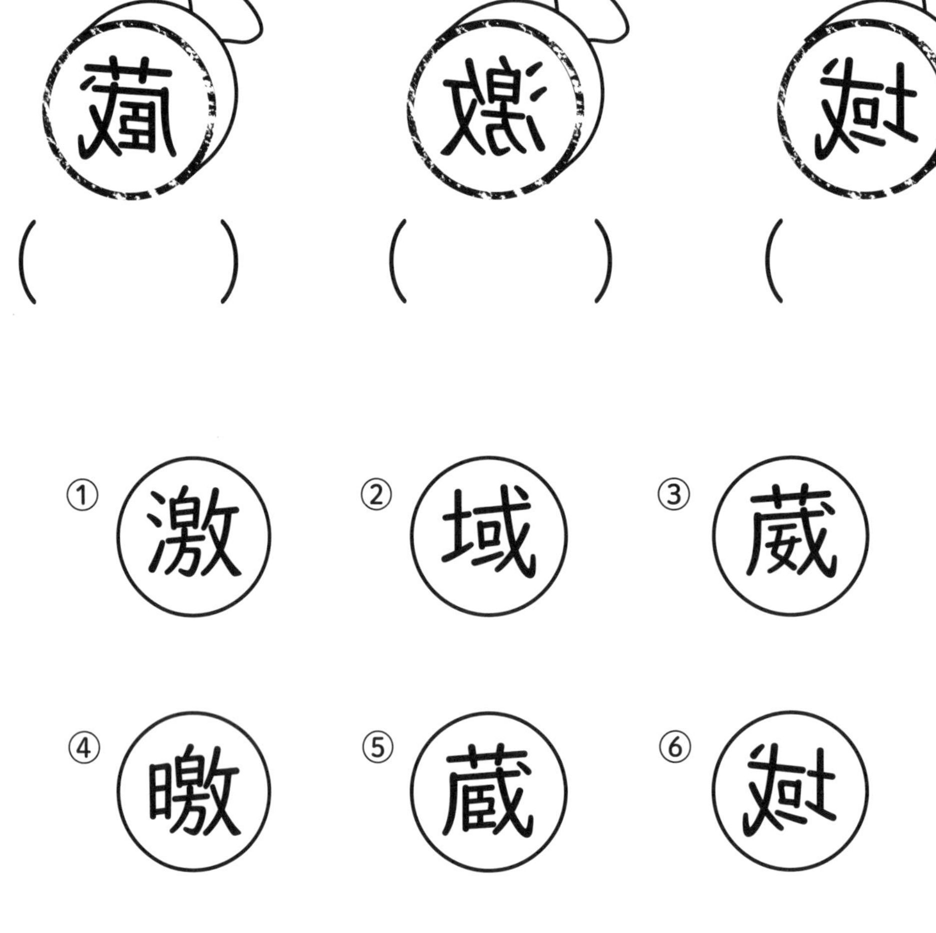

年　　組

スタンプ漢字 4

上のスタンプを紙におすと出てくる漢字はどれか、選んで（　　）に番号を書きましょう。

① 徒　② 　③ 洽

④ 純　⑤ 従　⑥

⑦ 沿　⑧ 紆　⑨

年　　組

スタンプ漢字 ❺

上のスタンプを紙におすと出てくる漢字はどれか、選んで（　　）に番号を書きましょう。

（　　）　（　　）　（　　）

①　②　③ 思

④ 恩　⑤　⑥ 巳

⑦ 昳　⑧ 己　⑨ 映

年　　組

スタンプ漢字 ❻

上のスタンプを紙におすと出てくる漢字はどれか、選んで（　　）に番号を書きましょう。

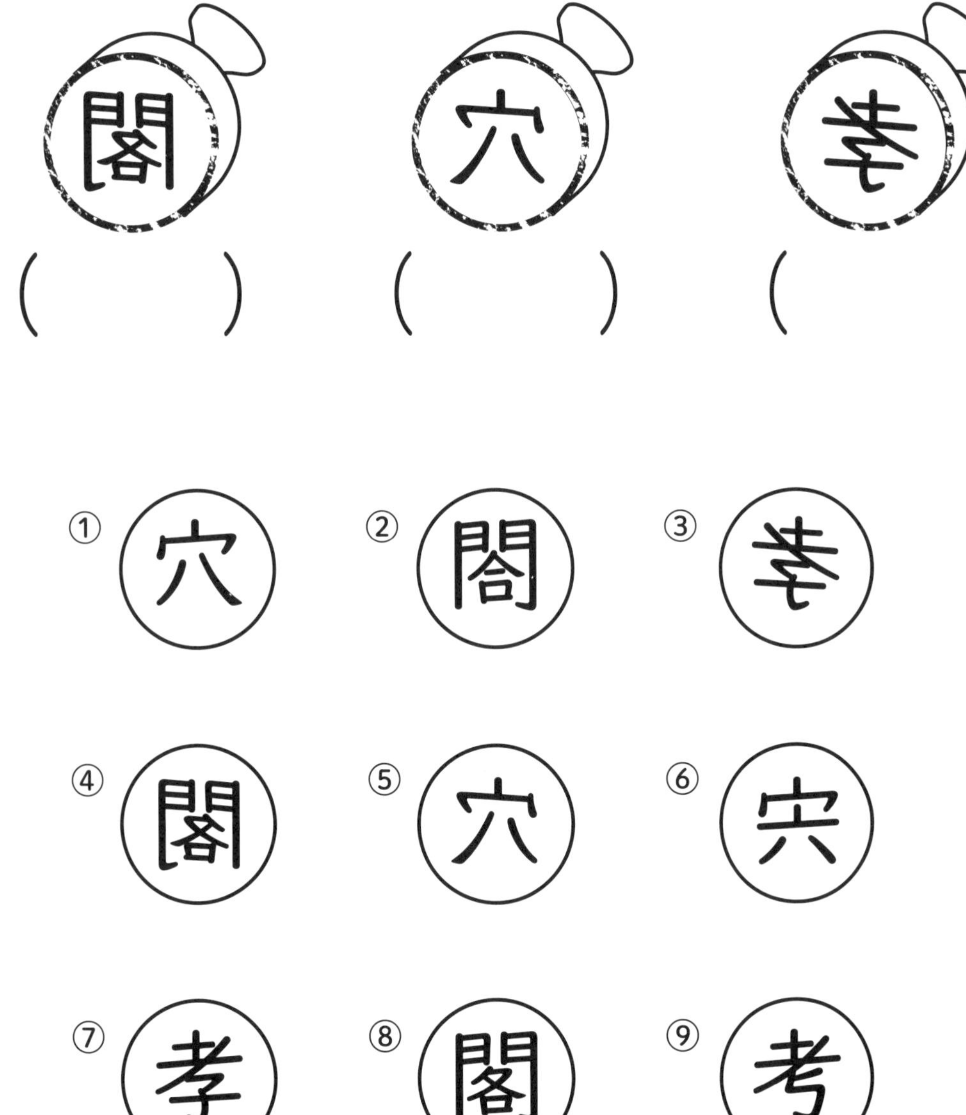

スタンプ漢字 7

上のスタンプを紙におすと出てくる漢字はどれか、選んで（　　）に番号を書きましょう。

スタンプ漢字 8

上のスタンプを紙におすと出てくる漢字はどれか、選んで（　　）に番号を書きましょう。

①

② 熟

③ 玉

④ 塾

⑤ 閉

⑥

⑦

⑧ 宝

⑨ 閑

❺ 想像する

心で回転

●子どもにつけて欲しい力

対象物を違った方向から見たらどう見えるかを想像することで心的回転の力や相手の立場になって考える力を養います。

●進め方

上段の動物たちとあなたに囲まれた机の上に置かれた漢字は、周りの動物から見たらどう見えるかを想像して正しい組み合わせを考え線でつなぎます。

●ポイント

- 子どもが問題の意図をイメージできなければ、実際に紙に漢字を書いて机に置き、動物と同じ位置に動いてもらって確かめさせるといいでしょう。
- 選択肢の漢字を回転させても正しい漢字にならないものもありますので、そこから明らかに違うものを除外できます。

●留意点

- 回転する角度（サルやトリは 90 度でネコは 180 度）が高いほど難易度は高くなりますので、正面のネコよりもサルやトリからイメージした方がわかりやすいでしょう。
- この課題が難しければ、もっとやさしい課題から取り組ませましょう。（「コグトレ　みる･きく･想像するための認知機能強化トレーニング」（三輪書店）こころで回転①など）。

取り組み時間：5分　　回数　8回分

例

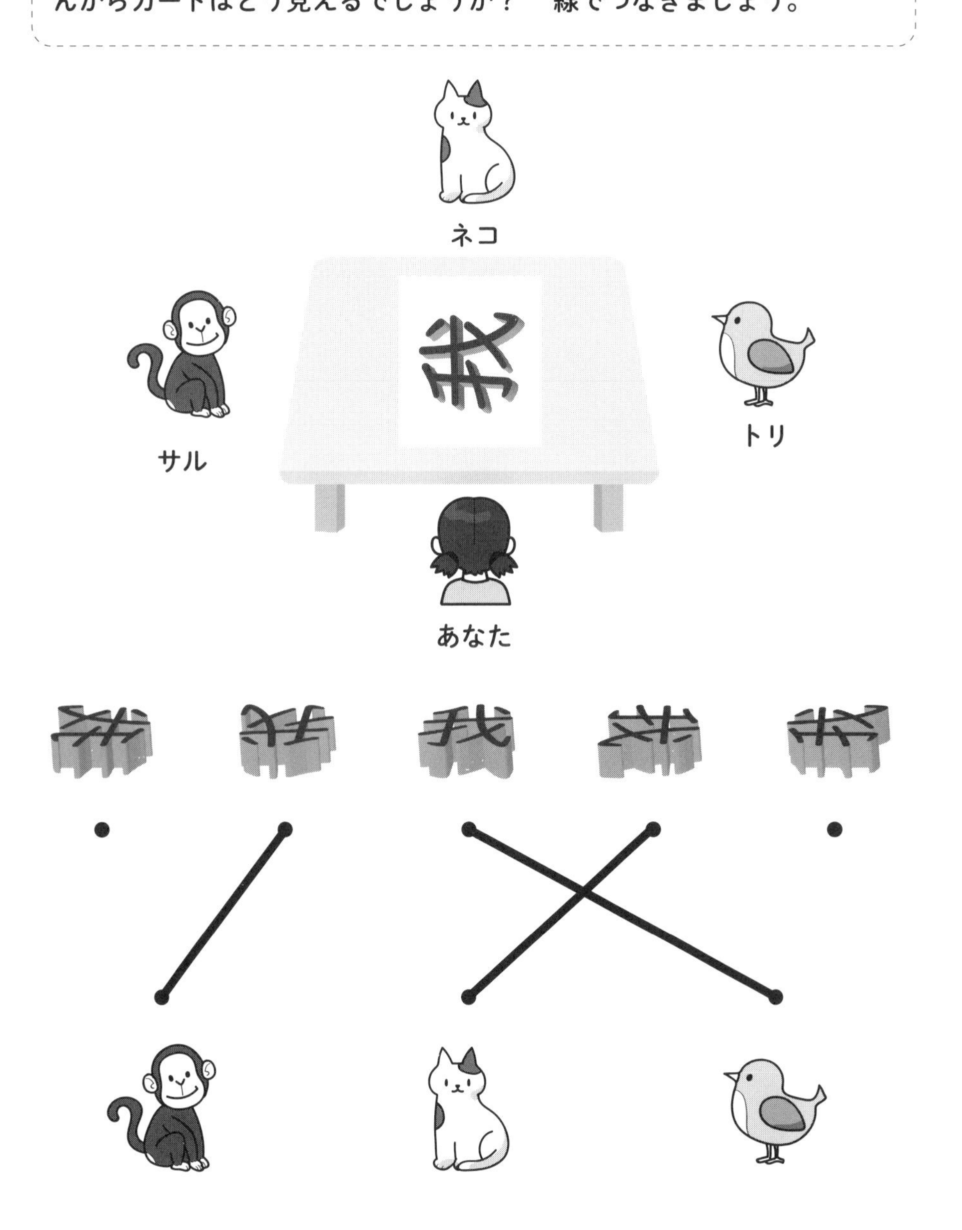

年　　組

心で回転 1

あなたの前に、漢字のカードがあります。サルさん、トリさん、ネコさんからカードはどう見えるでしょうか？　線でつなぎましょう。

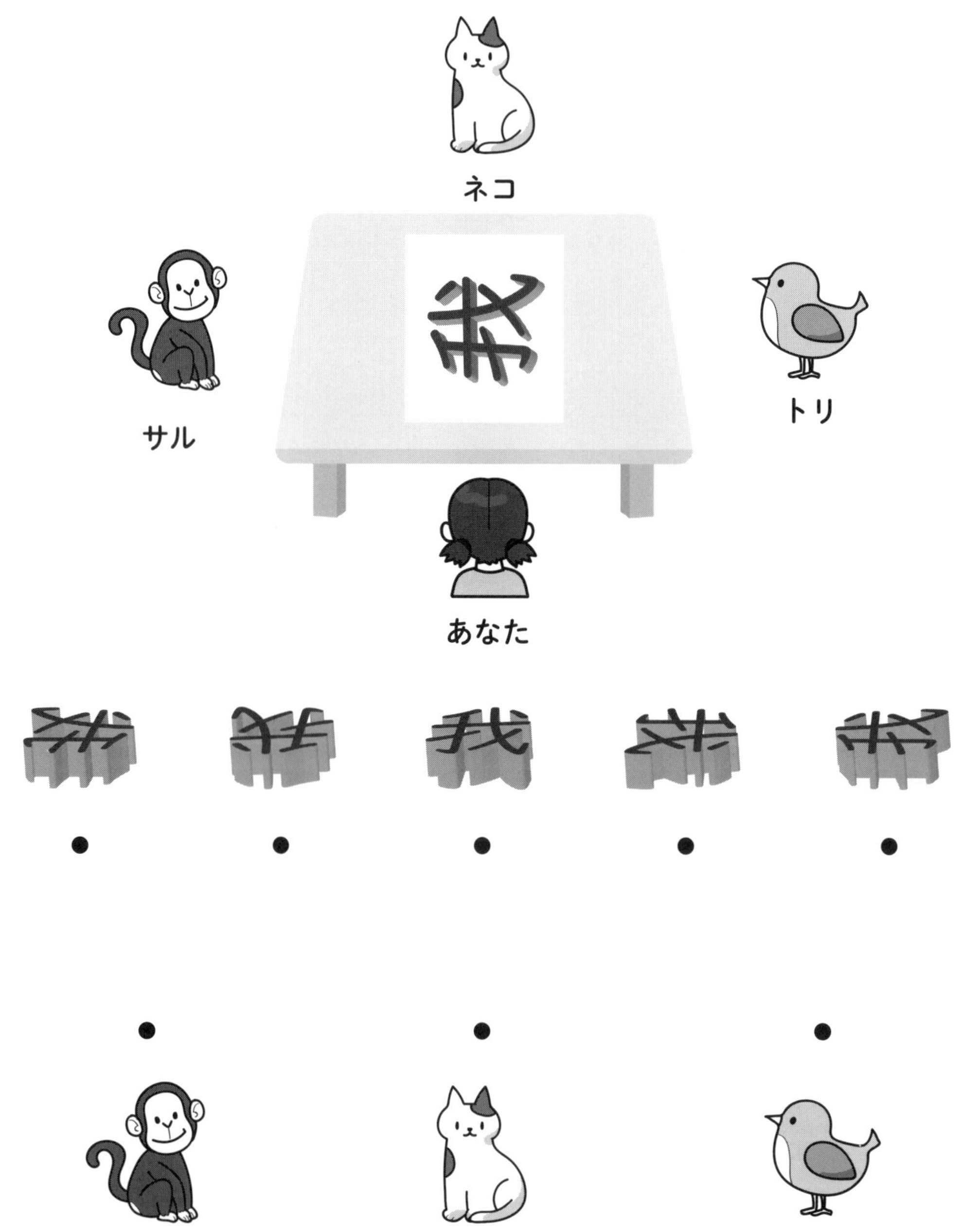

年　　組

心で回転 2

あなたの前に、漢字のカードがあります。サルさん、トリさん、ネコさんからカードはどう見えるでしょうか？　線でつなぎましょう。

心で回転 3

あなたの前に、漢字のカードがあります。サルさん、トリさん、ネコさんからカードはどう見えるでしょうか？　線でつなぎましょう。

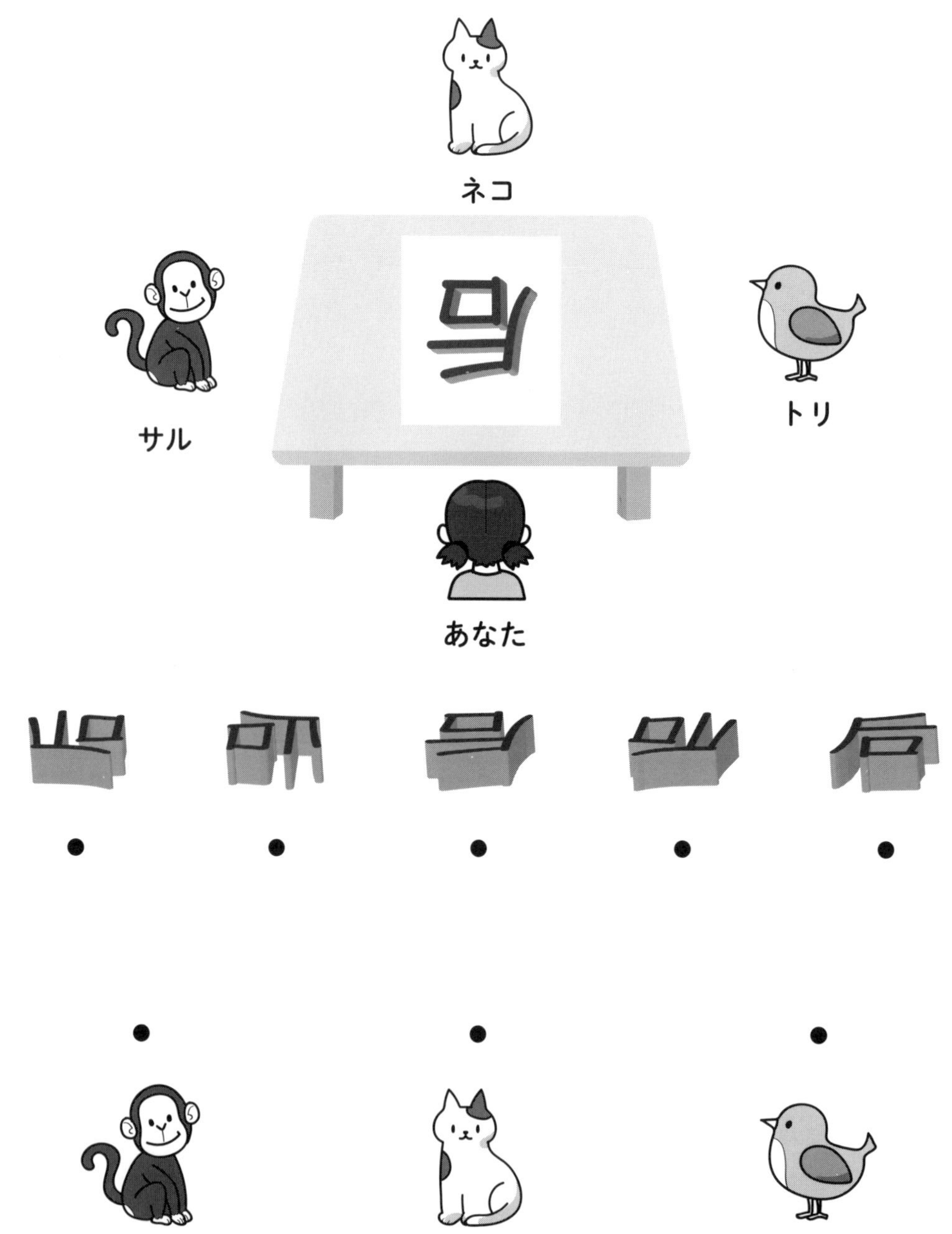

年　　組

心で回転 4

あなたの前に、漢字のカードがあります。サルさん、トリさん、ネコさんからカードはどう見えるでしょうか？　線でつなぎましょう。

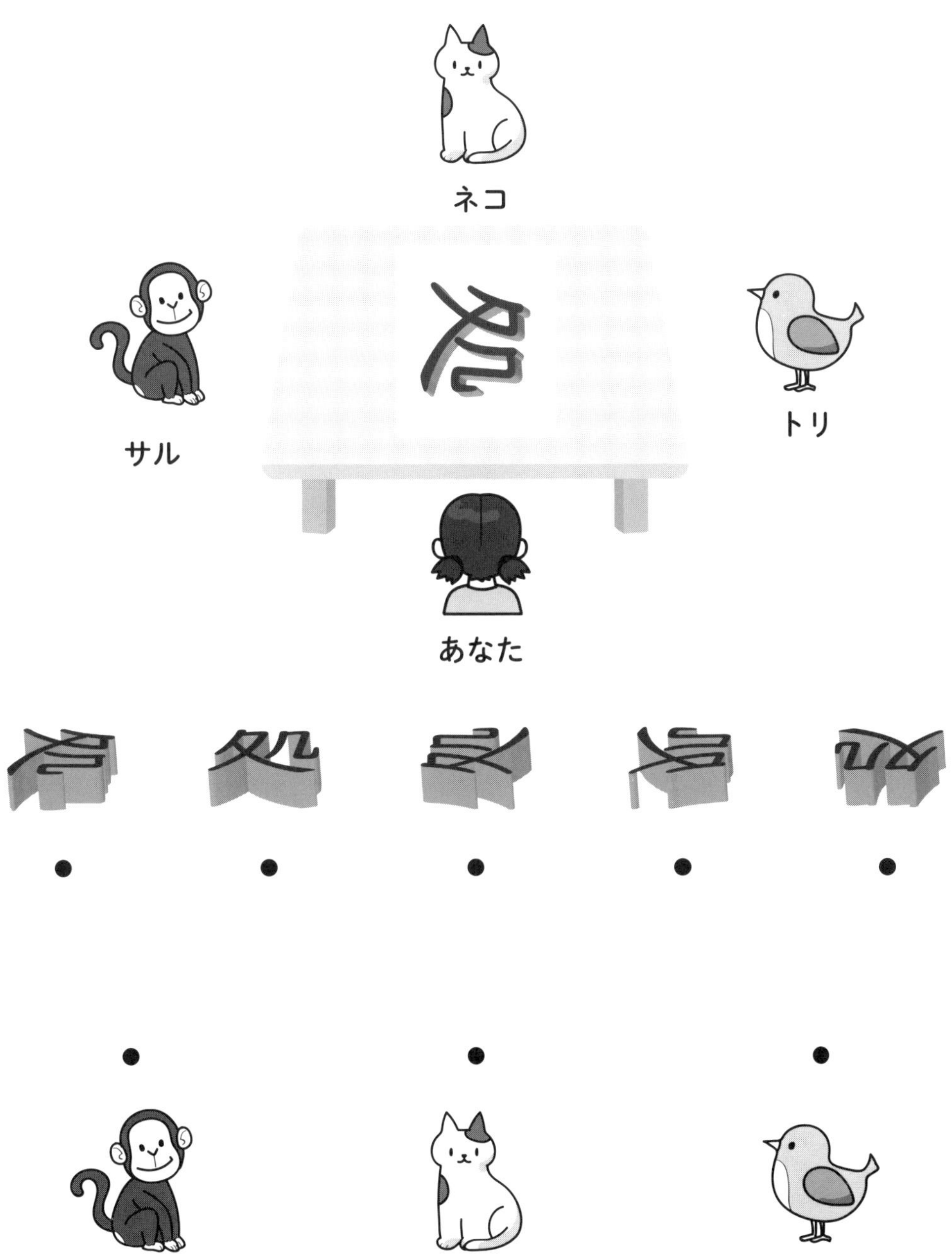

心で回転 5

あなたの前に、漢字のカードがあります。サルさん、トリさん、ネコさんからカードはどう見えるでしょうか？　線でつなぎましょう。

年　　組

心で回転 6

あなたの前に、漢字のカードがあります。サルさん、トリさん、ネコさんからカードはどう見えるでしょうか？　線でつなぎましょう。

年　　組

心で回転 7

あなたの前に、漢字のカードがあります。サルさん、トリさん、ネコさんからカードはどう見えるでしょうか？　線でつなぎましょう。

年　　　組

心で回転 8

あなたの前に、漢字のカードがあります。サルさん、トリさん、ネコさんからカードはどう見えるでしょうか？　線でつなぎましょう。

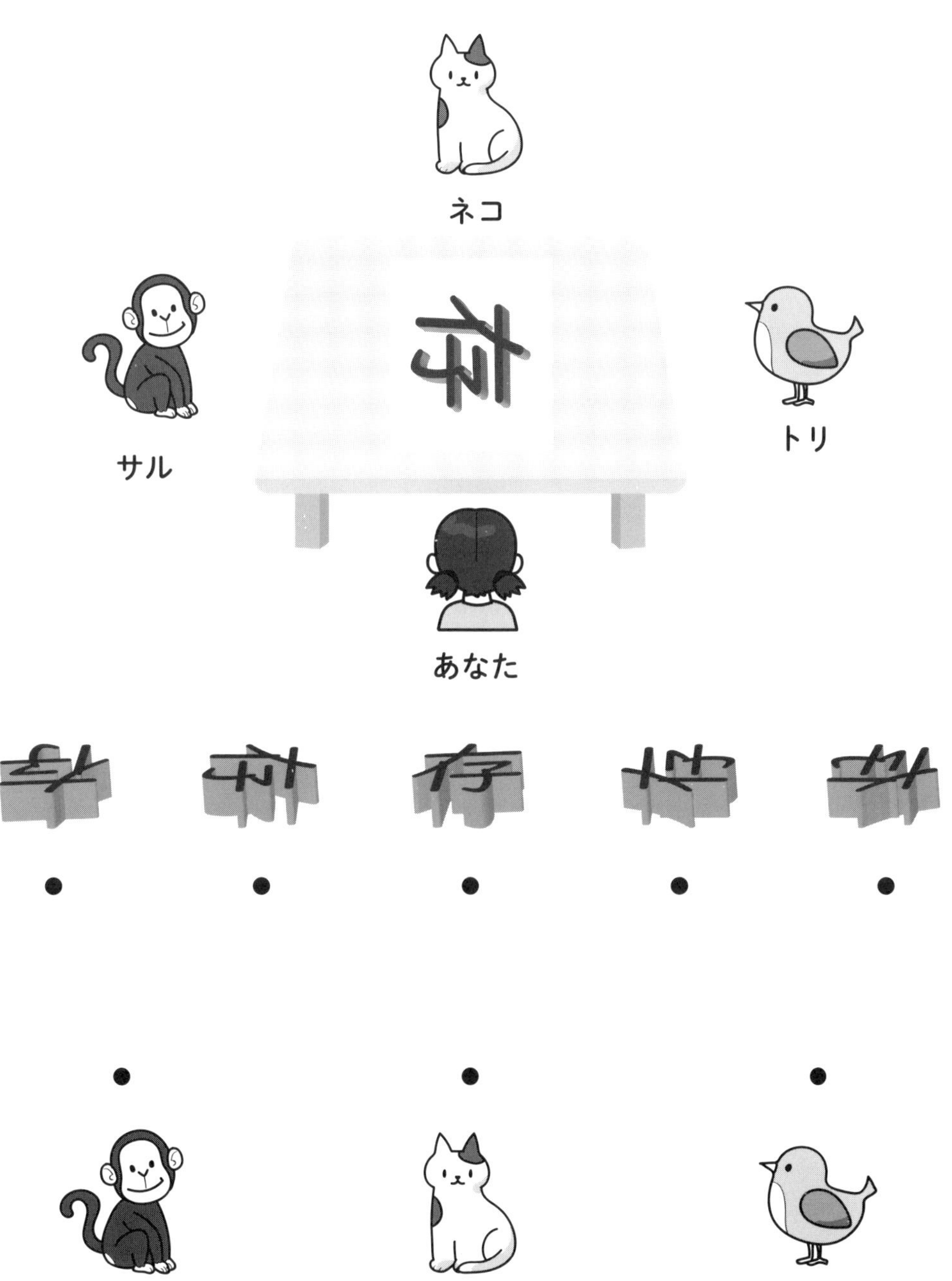

❺　想像する

順位決定戦

●子どもにつけて欲しい力

複数の関係性を比較し理解する力を養います。

●進め方

複数の表彰台の順位から熟語の総合順位を考え、答えを漢字に直して書いていきます。

●ポイント

・まず全体で一番のものを見つけましょう。その次は二番になるもの、その次は三番……と順に探していくと見つけやすくなります。

・いきなり順位を漢字で書くのが難しければ先に平仮名を漢字に直して横に書くか、下の順位の横に平仮名を書いてから正解を（　　　）に書いてもらいましょう。

●留意点

・熟語が書けることも大切ですが、ここでは順位を考えることが目的ですので、なぜそうなるのか理解できることを重視しましょう。

・漢字が分からなくても順番が分かれば（　　）には平仮名を書いてもらってこの課題の理解度を判断しましょう。

・この課題が難しければ、もっとやさしい課題から取り組ませましょう。（「コグトレ　みる・きく・想像するための認知機能強化トレーニング」（三輪書店）順位決定戦①など）。

取り組み時間：5分　回数　8回分

例

順位決定戦 1

熟語さんたちは、かけっこが速い順に表しょう台にならんでいます。下の（　）の順番通りに、熟語さんたちの名前を漢字で書きましょう。

かけっこが速い順

1位	〔 胸筋 〕	さん	4位	〔 呼吸 〕	さん
2位	〔 激痛 〕	さん	5位	〔 秘密 〕	さん
3位	〔 牛乳 〕	さん	6位	〔 背骨 〕	さん

年　　組

順位決定戦 1

熟語さんたちは、かけっこが速い順に表しょう台にならんでいます。下の（　）の順番通りに、熟語さんたちの名前を漢字で書きましょう。

かけっこが速い順

1位〔　　　　〕さん　　4位〔　　　　〕さん

2位〔　　　　〕さん　　5位〔　　　　〕さん

3位〔　　　　〕さん　　6位〔　　　　〕さん

年　　組

順位決定戦 ②

熟語（じゅくご）さんたちは、かけっこが速い順に表しょう台にならんでいます。下の（　）の順番通りに、熟語（じゅくご）さんたちの名前を漢字で書きましょう。

かけっこが速い順

1位	（　　　　）	さん	4位	（　　　　）	さん
2位	（　　　　）	さん	5位	（　　　　）	さん
3位	（　　　　）	さん	6位	（　　　　）	さん

年　　組

順位決定戦 3

熟語(じゅく)さんたちは、かけっこが速い順に表しょう台にならんでいます。下の（　）の順番通りに、熟語(じゅく)さんたちの名前を漢字で書きましょう。

かけっこが速い順

1位〔　　　　〕さん　4位〔　　　　〕さん

2位〔　　　　〕さん　5位〔　　　　〕さん

3位〔　　　　〕さん　6位〔　　　　〕さん

年　組

順位決定戦 4

熟語(じゅく)さんたちは、かけっこが速い順に表しょう台にならんでいます。下の（　）の順番通りに、熟語(じゅく)さんたちの名前を漢字で書きましょう。

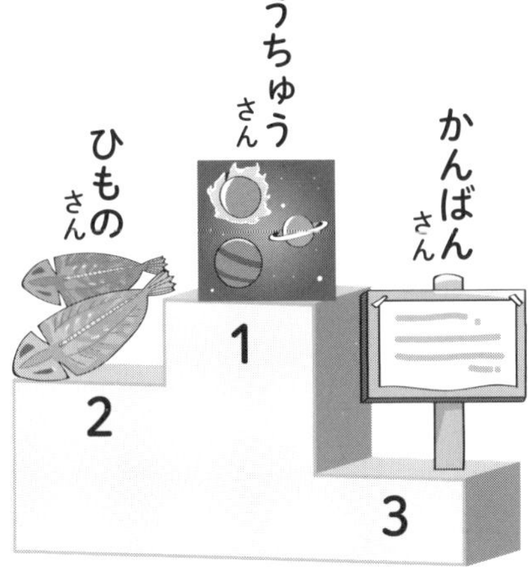

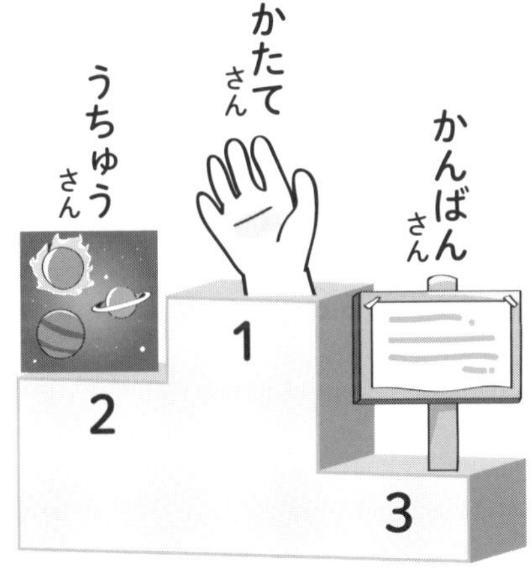

かけっこが速い順

1位	[　　　　] さん		4位	[　　　　] さん	
2位	[　　　　] さん		5位	[　　　　] さん	
3位	[　　　　] さん		6位	[　　　　] さん	

年　　組

順位決定戦 5

熟語(じゅく)さんたちは、かけっこが速い順に表しょう台にならんでいます。下の（　）の順番通りに、熟語(じゅく)さんたちの名前を漢字で書きましょう。

かけっこが速い順

1位	[　　　　]	さん
2位	[　　　　]	さん
3位	[　　　　]	さん
4位	[　　　　]	さん
5位	[　　　　]	さん
6位	[　　　　]	さん

年　　組

順位決定戦 6

熟語さんたちは、かけっこが速い順に表しょう台にならんでいます。下の（　）の順番通りに、熟語さんたちの名前を漢字で書きましょう。

かけっこが速い順

1位〔　　　　　〕さん　4位〔　　　　　〕さん

2位〔　　　　　〕さん　5位〔　　　　　〕さん

3位〔　　　　　〕さん　6位〔　　　　　〕さん

年　　組

順位決定戦 7

熟語(じゅく)さんたちは、かけっこが速い順に表しょう台にならんでいます。下の（　）の順番通りに、熟語(じゅく)さんたちの名前を漢字で書きましょう。

かけっこが速い順

1位〔　　　　　　〕さん　4位〔　　　　　　〕さん

2位〔　　　　　　〕さん　5位〔　　　　　　〕さん

3位〔　　　　　　〕さん　6位〔　　　　　　〕さん

年　　組

順位決定戦 8

熟語（じゅくご）さんたちは、かけっこが速い順に表しょう台にならんでいます。下の（　）の順番通りに、熟語（じゅくご）さんたちの名前を漢字で書きましょう。

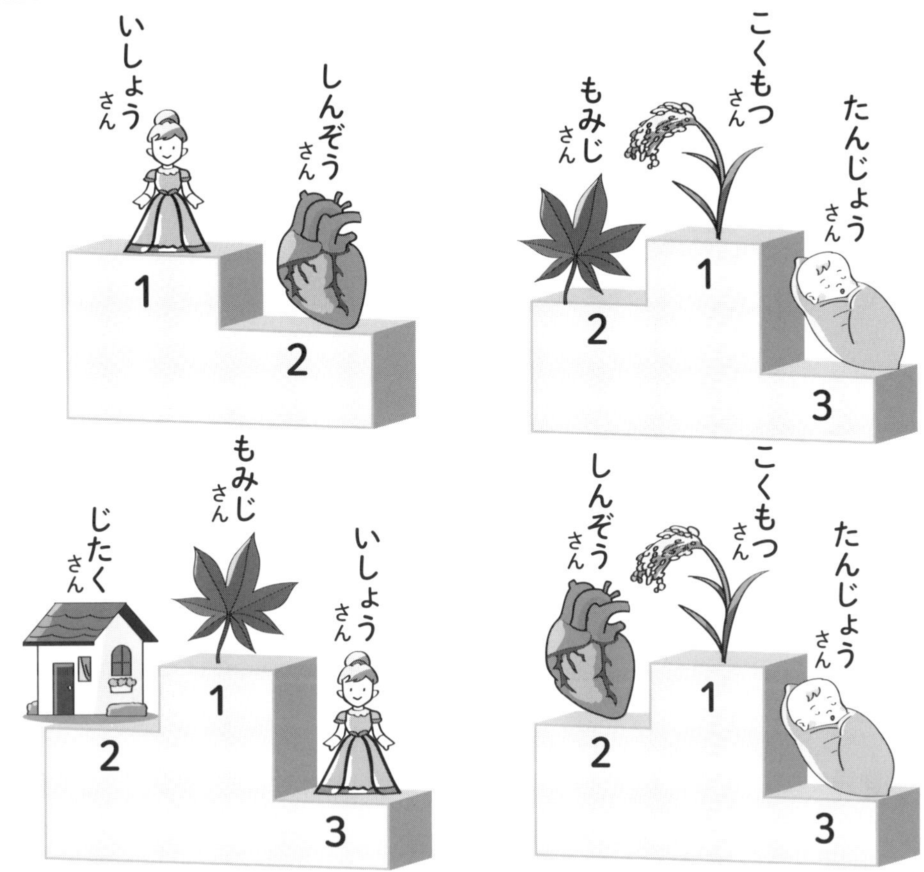

かけっこが速い順

1位	（　　）	さん	4位	（　　）	さん
2位	（　　）	さん	5位	（　　）	さん
3位	（　　）	さん	6位	（　　）	さん

❺ 想像する

物語づくり

●子どもにつけて欲しい力

断片的な情報から全体を想像する力やストーリーを想像しながら文章を作成する力を養っていきます。

●進め方

イラストとともに７つの提示された言葉を漢字に直し、その漢字を使って自由に短い物語を作ってもらいます。出来たらその物語にタイトルをつけてもらいます。

●ポイント

・平仮名だけでは迷う漢字（例えば右の例では“い”＝胃、位、医など）はイラストを見て考えてもらいましょう。
・もし使う漢字が書けなければ平仮名のままで物語を作ってもらいましょう。

●留意点

・漢字がしっかり書けていることも大切ですがここでは文章を作成する力を養うことが目的ですので、文の構成がきちんと出来ているかを確認しましょう。
・この課題が難しければ、もっとやさしい課題から取り組ませましょう。(「コグトレ　みる・きく・想像するための認知機能強化トレーニング」（三輪書店）物語つくりなど)。

取り組み時間：5分　　回数　8回分

例

物語づくり ❶

下に書かれた 7 つの言葉を漢字に直し、その漢字を使って、短い物語を作ってみましょう。題名も書きましょう。

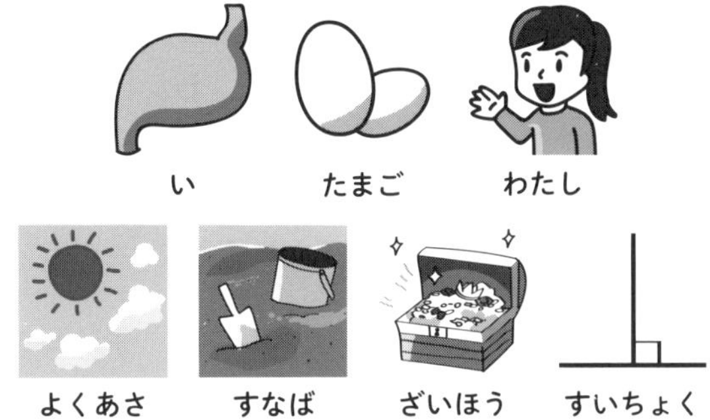

題名 ［　　　　　　　　］

ある日、砂場を垂直に掘ると財宝を見つけた。翌朝、私はごほうびに大好きな卵をたくさん食べたが、胃を痛めてしまった。

年　　組

物語づくり 1

下に書かれた 7 つの言葉を漢字に直し、その漢字を使って、短い物語を作ってみましょう。題名も書きましょう。

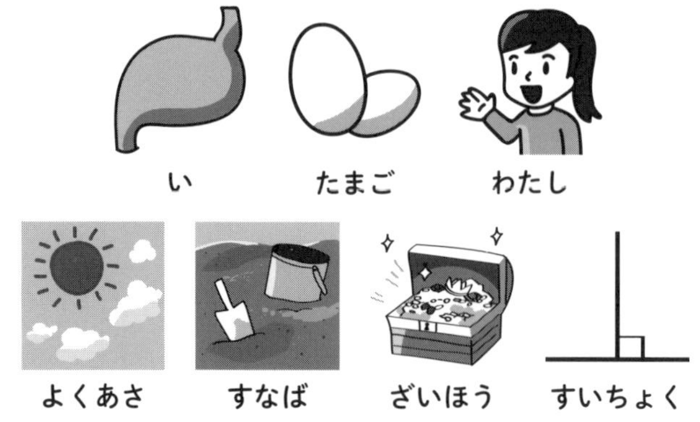

題名

年　　組

物語づくり ②

下に書かれた 7 つの言葉を漢字に直し、その漢字を使って、短い物語を作ってみましょう。題名も書きましょう。

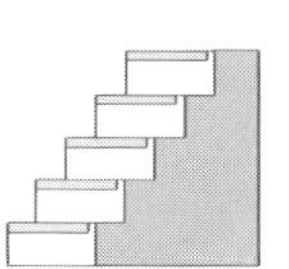
かいだん

たんにん

てつぼう

ずつう

きたく

しょくよく

つくえ

題名 〔　　　　　　〕

年　　組

物語づくり ❸

下に書かれた 7 つの言葉を漢字に直し、その漢字を使って、短い物語を作ってみましょう。題名も書きましょう。

はいゆう

えんそう

じこく

さくばん

えいが

こうふん

じたく

題名 「　　　　」

年　　組

物語づくり ④

下に書かれた 7 つの言葉を漢字に直し、その漢字を使って、短い物語を作ってみましょう。題名も書きましょう。

たんけん

ちょうじょう

しょうらい

じしゃく

はりがね

ようちゅう

こきょう

題名 〔　　　　　　　　〕

年　　組

物語づくり 5

下に書かれた 7 つの言葉を漢字に直し、その漢字を使って、短い物語を作ってみましょう。題名も書きましょう。

題名　「　　」

年　　組

物語づくり ⑥

下に書かれた 7 つの言葉を漢字に直し、その漢字を使って、短い物語を作ってみましょう。題名も書きましょう。

せんげん

しょうぐん

たいさく

しりょく

きんにく

うしろすがた

かくめい

題名　〔　　　　　　　　〕

年　　組

物語づくり 

下に書かれた 7 つの言葉を漢字に直し、その漢字を使って、短い物語を作ってみましょう。題名も書きましょう。

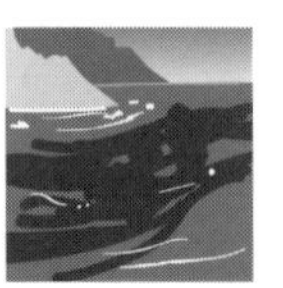
あかしお

こくほう

さとう

かんげき

はで

はんちょう

こうちゃ

題名　〔　　　　　　　　　　〕

年　　組

物語づくり　8

下に書かれた 7 つの言葉を漢字に直し、その漢字を使って、短い物語を作ってみましょう。題名も書きましょう。

題名　〔　　　　　　　　　　〕

解答編

●数える

【漢字数え】

① 21個　② 28個
③ 29個　④ 34個
⑤ 32個　⑥ 36個
⑦ 23個　⑧ 22個
⑨ 26個　⑩ 19個
⑪ 25個　⑫ 24個

【漢字算】

① 9（ 幼 ）
11（ 降 ）（ 舌 ）（ 枚 ）
12（ 窓 ）
13（ 洗 ）（ 割 ）
15（ 砂 ）

② 9（ 机 ）
11（ 吸 ）（ 胸 ）（ 勤 ）
12（ 灰 ）
13（ 恩 ）
15（ 干 ）
17（ 巻 ）

③ 9（ 呼 ）（ 骨 ）
11（ 穴 ）（ 困 ）
13（ 座 ）
15（ 源 ）
16（ 誤 ）
17（ 冊 ）

④ 10（ 従 ）（ 蒸 ）
11（ 私 ）（ 姿 ）
12（ 若 ）
15（ 余 ）（ 傷 ）
16（ 盛 ）

⑤ 10（ 探 ）
11（ 染 ）
12（ 暖 ）（ 敵 ）
14（ 痛 ）（ 届 ）
15（ 値 ）
17（ 頂 ）

⑥ 10（ 認 ）（ 暮 ）
11（ 背 ）（ 腹 ）
12（ 難 ）（ 班 ）（ 忘 ）
16（ 晩 ）

⑦ 9（ 訳 ）
11（ 優 ）（ 窓 ）（ 胃 ）
13（ 預 ）（ 裏 ）（ 異 ）
18（ 株 ）

⑧ 8（ 劇 ）
9（ 映 ）（ 激 ）
11（ 券 ）
12（ 延 ）
13（ 危 ）（ 疑 ）
16（ 系 ）

⑨ 10（ 至 ）
11（ 厳 ）
12（ 呼 ）
14（ 刻 ）（ 済 ）（ 捨 ）
15（ 紅 ）
17（ 縦 ）

⑩ 8（ 縮 ）
11（ 垂 ）（ 退 ）
12（ 操 ）
13（ 鈍 ）（ 段 ）
14（ 泉 ）

17（ 針 ）

⑪ 9（ 補 ）（ 幕 ）

10（ 棒 ）

11（ 訪 ）

14（ 宝 ）（ 亡 ）

（ 欲 ）（ 乱 ）

⑫ 9（ 供 ）

12（ 誠 ）（ 奏 ）

14（ 卵 ）（ 沿 ）（ 就 ）

13（ 我 ）

15（ 鋼 ）

【さがし熟語】

① 遺産、革命、鈍角、貴族

② 裁判、尺八、承認、担任

③ 批判、同盟、秘蔵、観覧

④ 規律、改善、臨時、指揮

⑤ 就労、諸国、警察、雑誌

⑥ 簡単、憲法、筋肉、穀物

⑦ 歌詞、磁石、観衆、将軍

⑧ 支障、創造、専属、忠誠

●見つける

【回転漢字】（順不同）

① 納、域、映、誤、収

② 鋼、郷、視、降、揮

③ 拡、詞、射、創、銭

④ 臓、諸、推、段、暖

⑤ 誠、値、忠、著、頂

⑥ 腸、潮、賃、敵、討

⑦ 批、難、乳、脳、展

⑧ 拝、糖、俵、朗、論

●想像する

【スタンプ漢字】

① （5）（4）（1）

② （5）（6）（8）

③ （5）（1）（2）

④ （7）（5）（4）

⑤ （9）（4）（8）

⑥ （8）（1）（7）

⑦ （2）（8）（7）

⑧ （8）（5）（2）

【順位決定戦】

① 1位（ 胸筋 ）2位（ 激痛 ）

3位（ 牛乳 ）4位（ 呼吸 ）

5位（ 秘密 ）6位（ 背骨 ）

② 1位（ 口紅 ）2位（ 危険 ）

3位（ 指揮 ）4位（ 演劇 ）

5位（ 警察 ）6位（ 正座 ）

③ 1位（ 短冊 ）2位（ 体操 ）

3位（ 尺八 ）4位（ 半熟 ）

5位（ 温泉 ）6位（ 納豆 ）

④ 1位（ 背中 ）2位（ 空腹 ）

3位（ 片手 ）4位（ 宇宙 ）

5位（ 干物 ）6位（ 看板 ）

⑤ 1位（ 割引 ）2位（ 株価 ）

3位（ 裁判 ）4位（ 激怒 ）

5位（ 自己 ）6位（ 点呼 ）

⑥ 1位（ 合奏 ）2位（ 姿勢 ）

3位（ 若者 ）4位（ 傷口 ）

5位（ 障子 ）6位（ 蒸気 ）

⑦ 1位（ 敬語 ）2位（ 拡大 ）

3位（ 憲法 ）4位（ 洗顔 ）

5位（ 服装 ）6位（ 郵便 ）

⑧ 1位（ 穀物 ）2位（ 紅葉 ）

3位（ 自宅 ）4位（ 衣装 ）

5位（ 心臓 ）6位（ 誕生 ）

【漢字さがし】

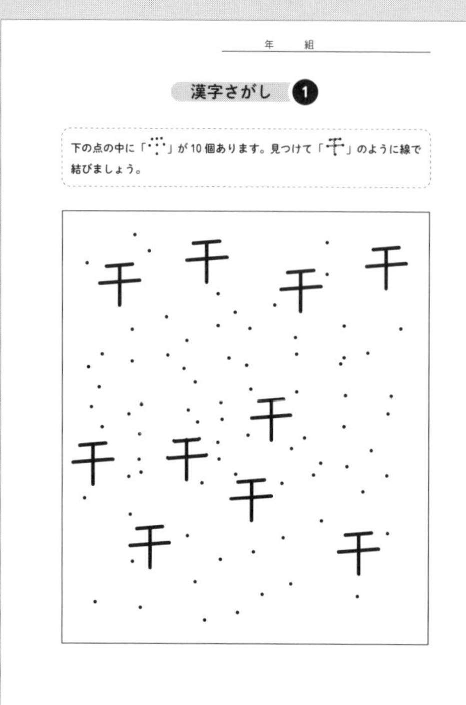
年　組
漢字さがし 1
下の点の中に「⁖」が10個あります。見つけて「千」のように線で結びましょう。

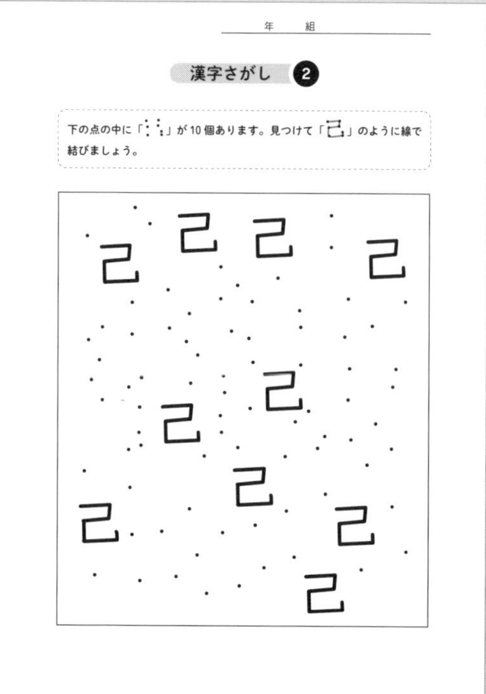
年　組
漢字さがし 2
下の点の中に「⁖」が10個あります。見つけて「己」のように線で結びましょう。

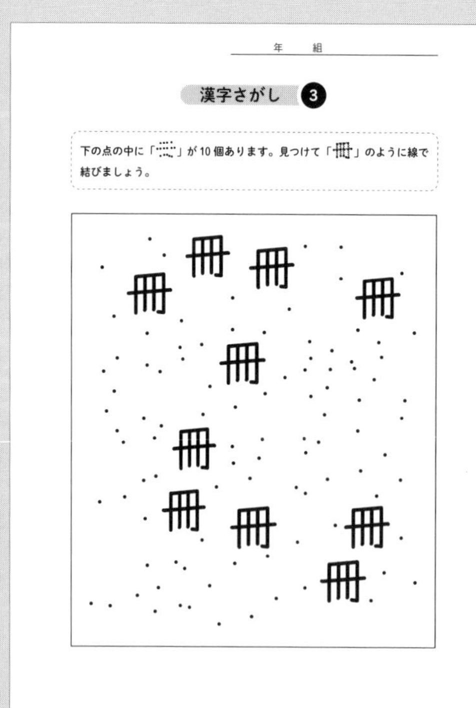
年　組
漢字さがし 3
下の点の中に「⁖」が10個あります。見つけて「冊」のように線で結びましょう。

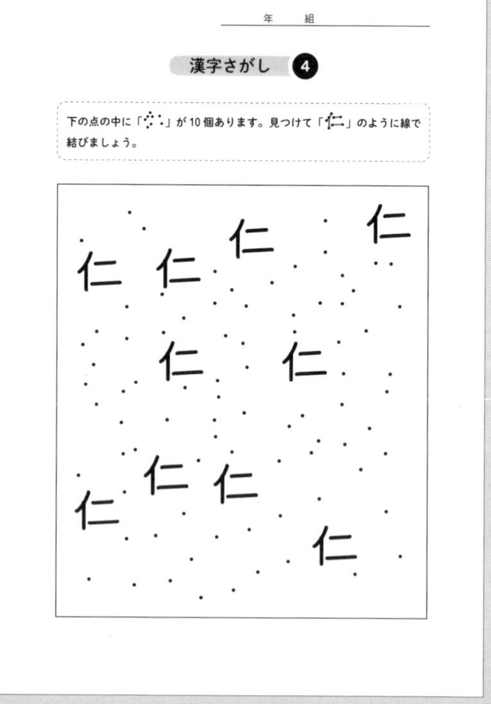
年　組
漢字さがし 4
下の点の中に「⁖」が10個あります。見つけて「仁」のように線で結びましょう。

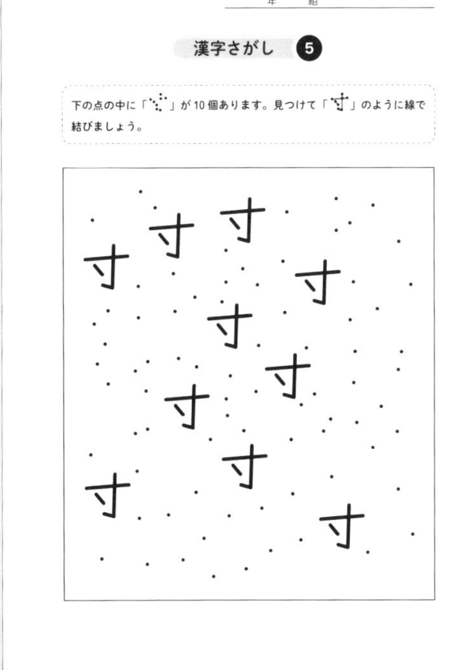

年　　組

漢字さがし 5

下の点の中に「寸」が10個あります。見つけて「寸」のように線で結びましょう。

年　　組

漢字さがし 6

下の点の中に「並」が10個あります。見つけて「並」のように線で結びましょう。

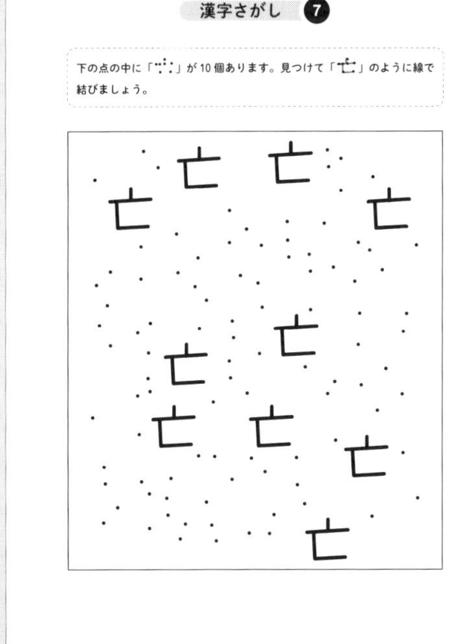

年　　組

漢字さがし 7

下の点の中に「亡」が10個あります。見つけて「亡」のように線で結びましょう。

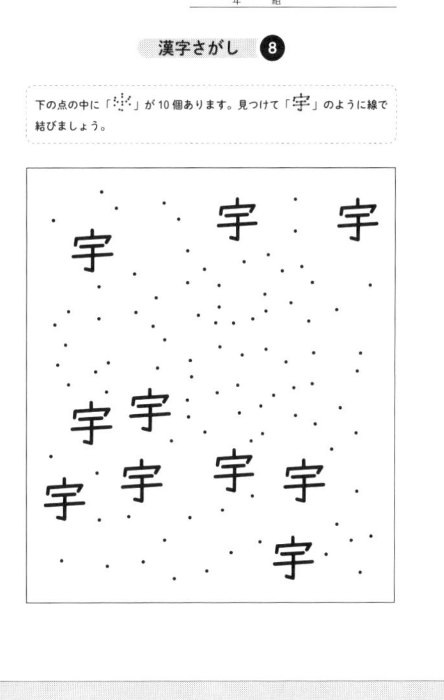

年　　組

漢字さがし 8

下の点の中に「宇」が10個あります。見つけて「宇」のように線で結びましょう。

【かさなり漢字】

年　組

かさなり漢字 1

左の漢字を作るのに、右の中で１つだけ使わないものを選んだら◯で囲みましょう。

遺：中　八　(日)　辶　目　一

嚴：攵　ᅮ　丿　(十)　⺍　耳

轂：冖　士　几　禾　(子)　又

賃：八　目　壬　亻　一　(又)

脳：月　㐅　丿　(木)　凵　⺍

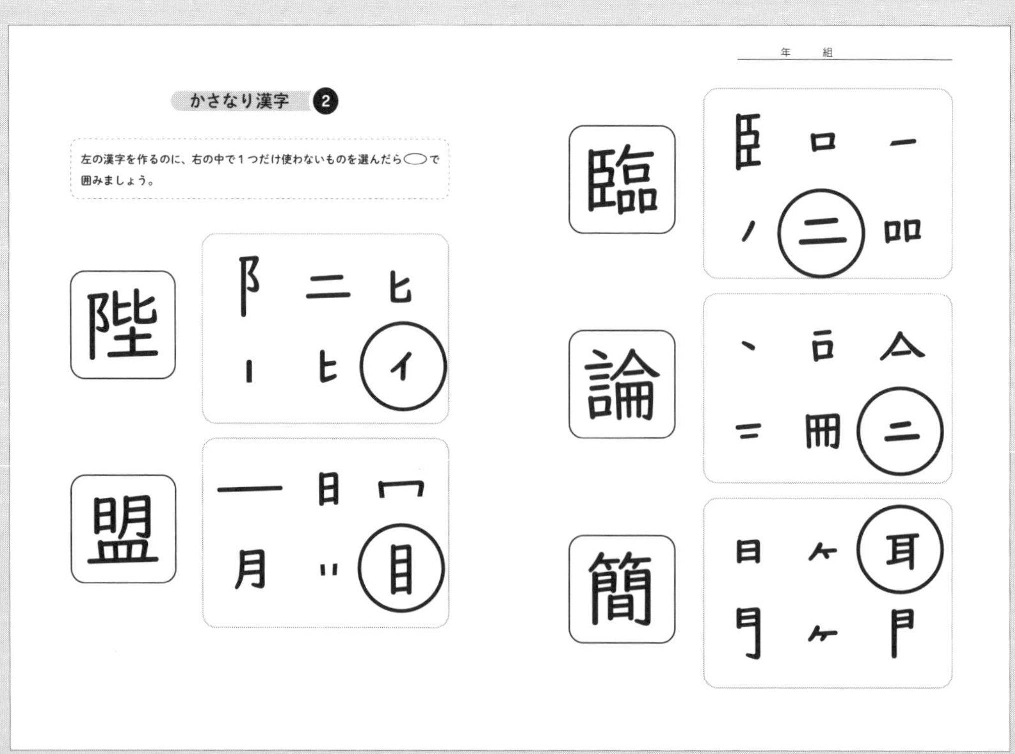
年　組

かさなり漢字 2

左の漢字を作るのに、右の中で１つだけ使わないものを選んだら◯で囲みましょう。

陛：阝　二　匕　丨　匕　(亻)

盟：一　日　冂　月　⺍　(目)

臨：臣　口　一　丿　(二)　品

論：丶　戸　亼　=　冊　(二)

簡：日　⺮　(耳)　門　⺮　門

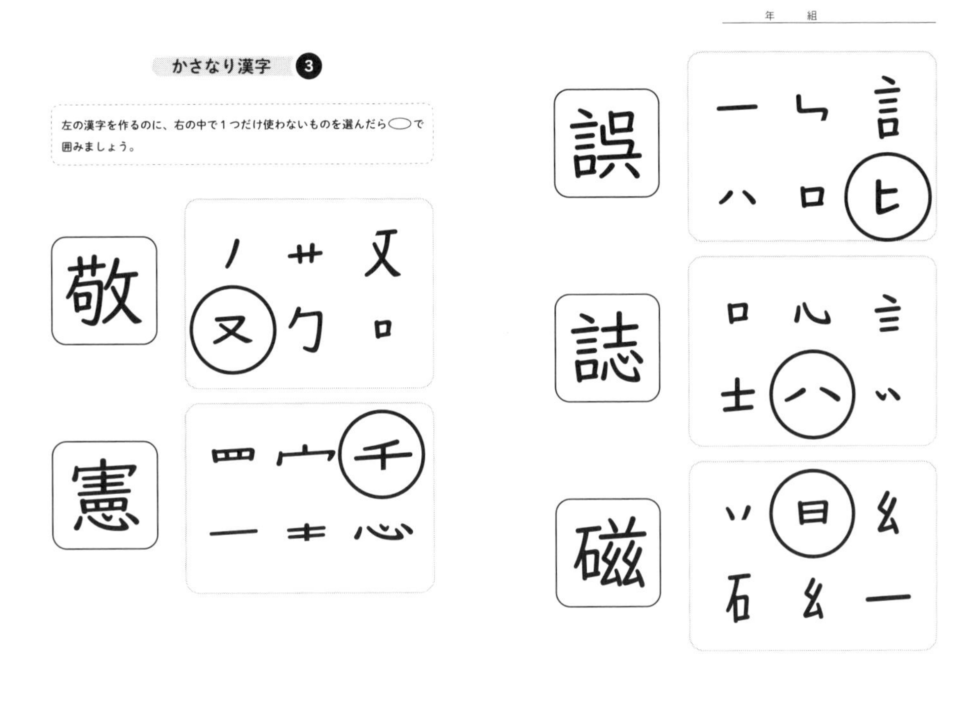
年　組
かさなり漢字 3
左の漢字を作るのに、右の中で１つだけ使わないものを選んだら⬭で囲みましょう。
敬
憲
誤
誌
磁

年　組
かさなり漢字 4
左の漢字を作るのに、右の中で１つだけ使わないものを選んだら⬭で囲みましょう。
樹
衆
縮
署
障

【かさなり漢字】

年　組
かさなり漢字 5
左の漢字を作るのに、右の中で１つだけ使わないものを選んだら◯で囲みましょう。
腸
一 中 〃
勹 月 日
割
主 口 丨
亅 立 宀
難
三 女 亻
夫 罒 廿
認
刀 口 心
言 丶 日
模
夫 一 口
木 艹 大

年　組
かさなり漢字 6
左の漢字を作るのに、右の中で１つだけ使わないものを選んだら◯で囲みましょう。
預
マ 了 自
一 八 メ
裏
亠 十 口
衣 十 八
域
土 口 一
丶 日 戈
疑
矢 匕 乛
マ 止 幺
勤
主 口 宀
丨 廾 力

年　組
かさなり漢字 7
左の漢字を作るのに、右の中で１つだけ使わないものを選んだら◯で囲みましょう。
絹
縦
暮
権
優

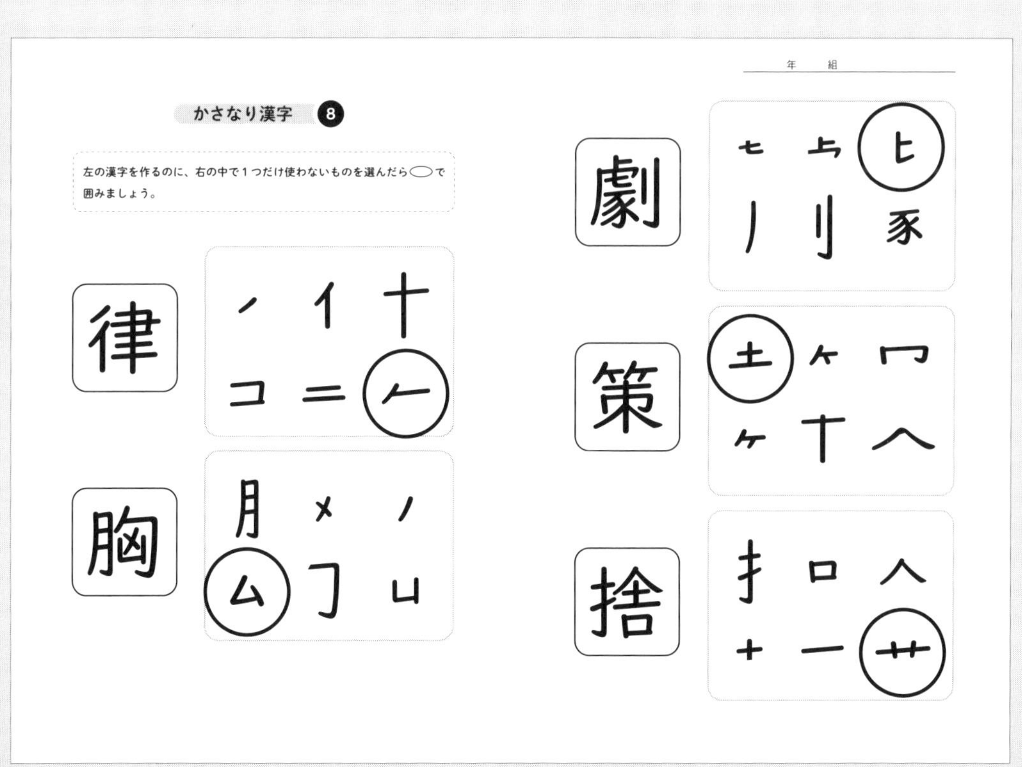
年　組
かさなり漢字 8
左の漢字を作るのに、右の中で１つだけ使わないものを選んだら◯で囲みましょう。
劇
律
策
胸
捨

【ちがいはどこ？】

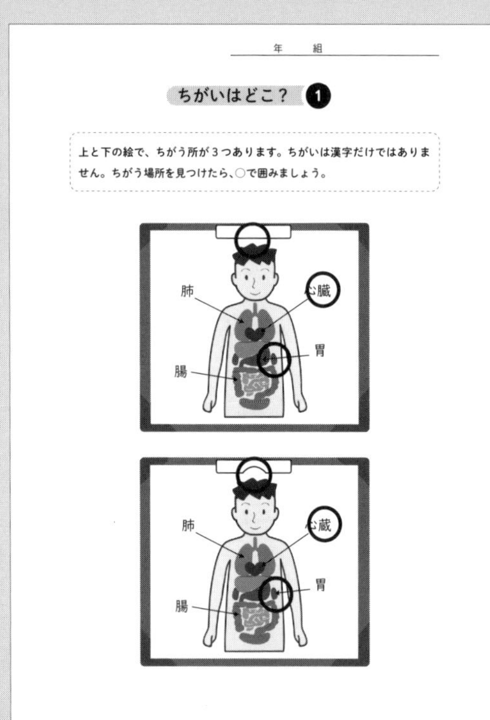

年　組

ちがいはどこ？ 1

上と下の絵で、ちがう所が３つあります。ちがいは漢字だけではありません。ちがう場所を見つけたら、○で囲みましょう。

年　組

ちがいはどこ？ 2

上と下の絵で、ちがう所が３つあります。ちがいは漢字だけではありません。ちがう場所を見つけたら、○で囲みましょう。

年　組

ちがいはどこ？ 3

上と下の絵で、ちがう所が３つあります。ちがいは漢字だけではありません。ちがう場所を見つけたら、○で囲みましょう。

年　組

ちがいはどこ？ 4

上と下の絵で、ちがう所が３つあります。ちがいは漢字だけではありません。ちがう場所を見つけたら、○で囲みましょう。

【同じ絵はどれ？】

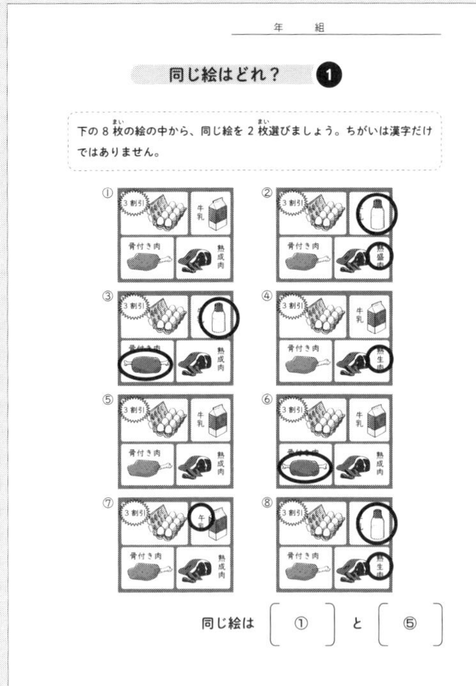
年　　組

同じ絵はどれ？ 1

下の 8 枚の絵の中から、同じ絵を 2 枚選びましょう。ちがいは漢字だけではありません。

同じ絵は ① と ⑤

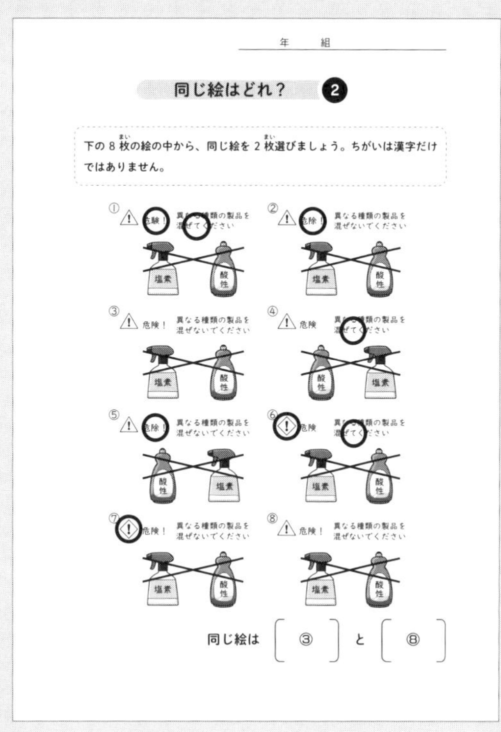
年　　組

同じ絵はどれ？ 2

下の 8 枚の絵の中から、同じ絵を 2 枚選びましょう。ちがいは漢字だけではありません。

同じ絵は ③ と ⑧

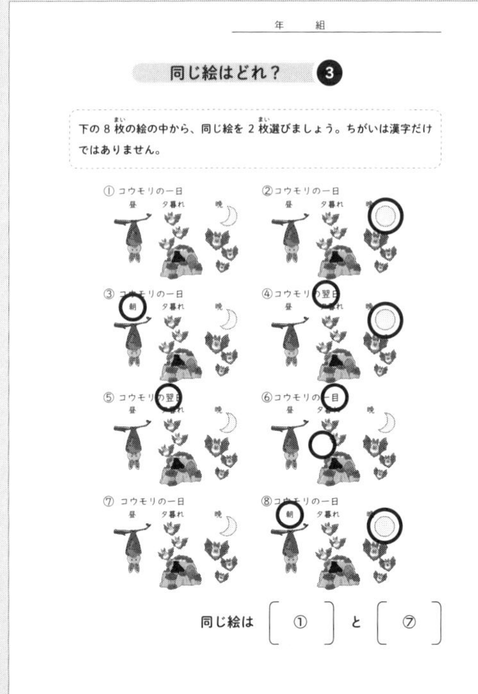
年　　組

同じ絵はどれ？ 3

下の 8 枚の絵の中から、同じ絵を 2 枚選びましょう。ちがいは漢字だけではありません。

同じ絵は ① と ⑦

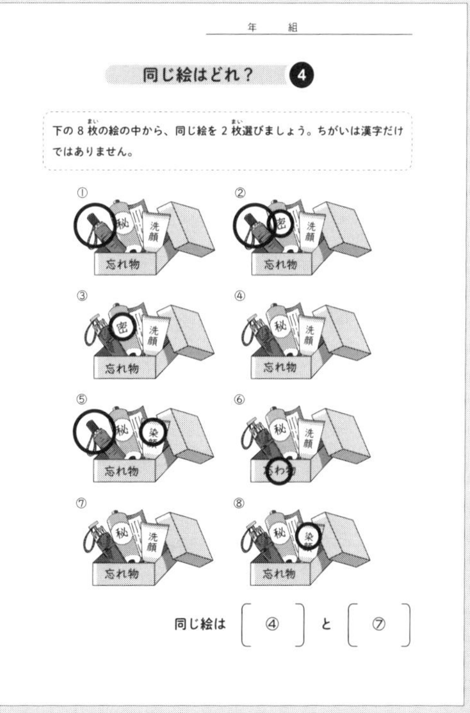
年　　組

同じ絵はどれ？ 4

下の 8 枚の絵の中から、同じ絵を 2 枚選びましょう。ちがいは漢字だけではありません。

同じ絵は ④ と ⑦

【心で回転】

年　組
心で回転 1
あなたの前に、漢字のカードがあります。サルさん、トリさん、ネコさんからカードはどう見えるでしょうか？　線でつなぎましょう。
ネコ
サル
トリ
あなた

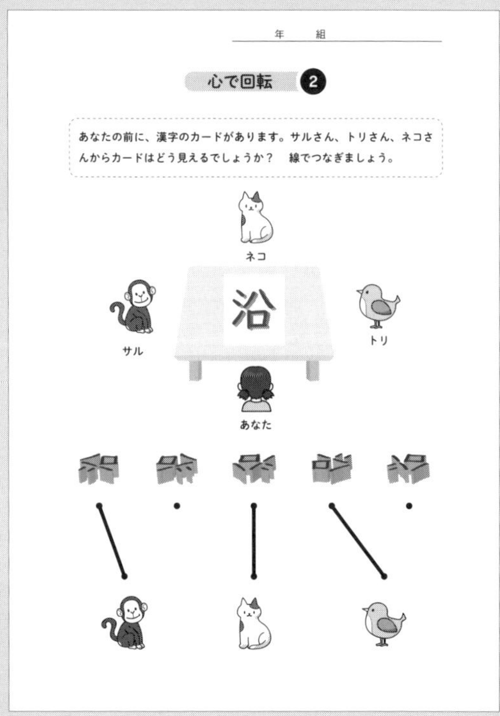

年　組
心で回転 2
あなたの前に、漢字のカードがあります。サルさん、トリさん、ネコさんからカードはどう見えるでしょうか？　線でつなぎましょう。
ネコ
沿
サル
トリ
あなた

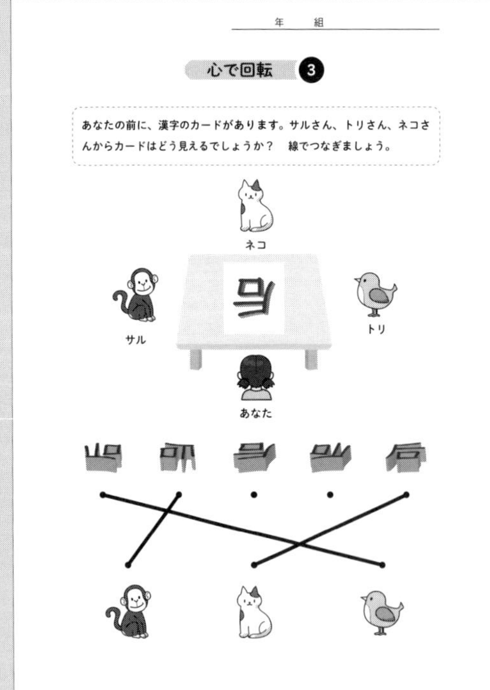

年　組
心で回転 3
あなたの前に、漢字のカードがあります。サルさん、トリさん、ネコさんからカードはどう見えるでしょうか？　線でつなぎましょう。
ネコ
サル
トリ
あなた

年　組
心で回転 4
あなたの前に、漢字のカードがあります。サルさん、トリさん、ネコさんからカードはどう見えるでしょうか？　線でつなぎましょう。
ネコ
サル
トリ
あなた

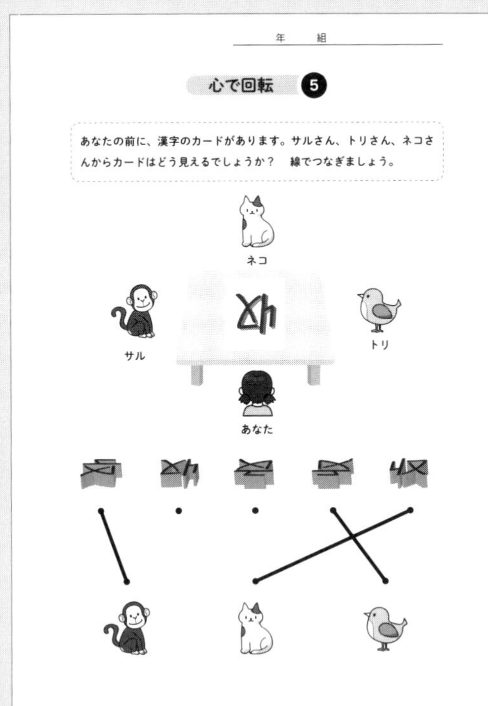
年　組
心で回転 5
あなたの前に、漢字のカードがあります。サルさん、トリさん、ネコさんからカードはどう見えるでしょうか？　線でつなぎましょう。
ネコ
サル
トリ
あなた

年　組
心で回転 6
あなたの前に、漢字のカードがあります。サルさん、トリさん、ネコさんからカードはどう見えるでしょうか？　線でつなぎましょう。
ネコ
サル
トリ
あなた

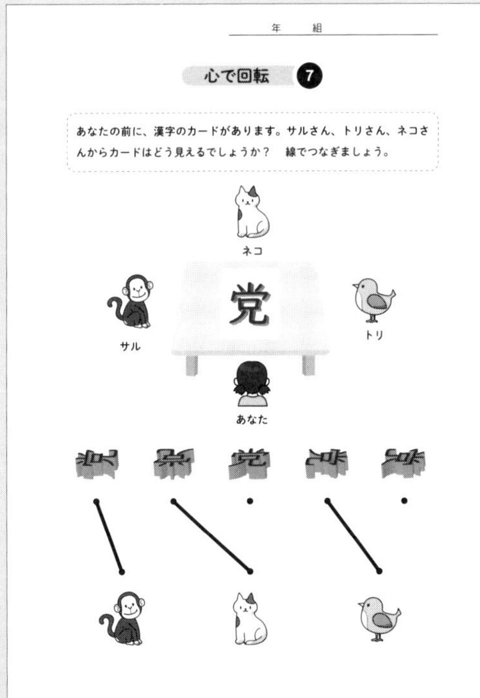
年　組
心で回転 7
あなたの前に、漢字のカードがあります。サルさん、トリさん、ネコさんからカードはどう見えるでしょうか？　線でつなぎましょう。
ネコ
サル
党
トリ
あなた

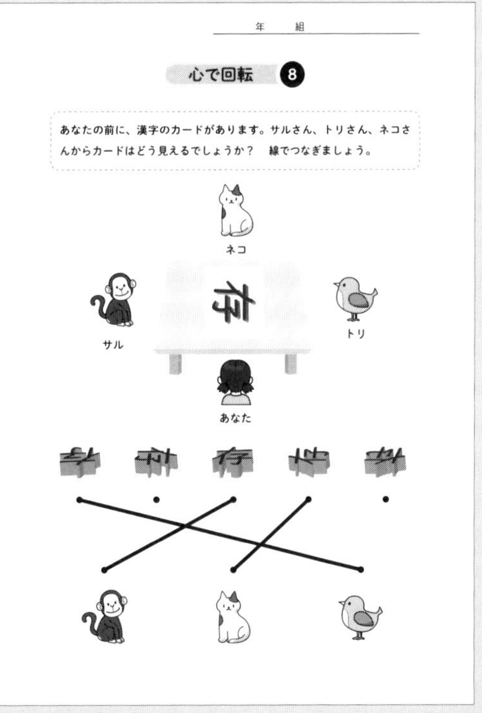
年　組
心で回転 8
あなたの前に、漢字のカードがあります。サルさん、トリさん、ネコさんからカードはどう見えるでしょうか？　線でつなぎましょう。
ネコ
サル
トリ
あなた

【著者略歴】

宮口　幸治

立命館大学産業社会学部・大学院人間科学研究科教授。京都大学工学部卒業、建設コンサルタント会社勤務の後、神戸大学医学部医学科卒業。神戸大学医学部附属病院精神神経科、大阪府立精神医療センター・松心園などを勤務の後、法務省宮川医療少年院、交野女子学院医務課長を経て、2016 年より現職。医学博士、子どものこころ専門医、日本精神神経学会専門医、臨床心理士、公認心理師。

児童精神科医として、困っている子どもたちの支援を教育・医療・心理・福祉の観点で行う「コグトレ研究会」を主催し、全国で教員向けに研修を行っている。著書に、『教室の「困っている子ども」を支える７つの手がかり』『性の問題行動をもつ子どものためのワークブック』（以上、明石書店）、『不器用な子どもたちへの認知作業トレーニング』『コグトレ みる・きく・想像するための認知機能強化トレーニング』『やさしいコグトレ　認知機能トレーニング』（以上、三輪書店）、『１日５分！教室で使えるコグトレ　困っている子どもを支援する認知トレーニング 122』『もっとコグトレ さがし算 60 初級・中級・上級』『学校でできる！性の問題行動へのケア』（以上、東洋館出版社）、『ケーキの切れない非行少年たち』（新潮社）など。

【執筆協力】

佐藤　友紀　立命館大学大学院人間科学研究科

１日５分！
教室で使える漢字コグトレ　小学６年生

2019（令和元）年 ８ 月 26 日　初版第１刷発行
2024（令和６）年 ６ 月 28 日　初版第９刷発行

著　者　**宮口 幸治**
発行者　**錦織 圭之介**
発行所　**株式会社 東洋館出版社**
〒 101-0054　東京都千代田区神田錦町２丁目９番１号
コンフォール安田ビル２階
代　表　電話 03-6778-4343 ／ FAX 03-5281-8091
営業部　電話 03-6778-7278 ／ FAX 03-5281-8092
振　替　00180-7-96823
ＵＲＬ　https://www.toyokan.co.jp
装　幀　中濱　健治
本文デザイン　藤原印刷株式会社
イラスト　オセロ
印刷・製本　藤原印刷株式会社
ISBN 978-4-491-03762-2
Printed in Japan